DEAD-LINE FÜR DEN JOURNA-LISMUS?

:STANDPUNKTE

Frank Überall

DEAD-
LINE
FÜR DEN
JOURNA-
LISMUS?

Wie wir es schaffen, nicht zur
Desinformationsgesellschaft zu werden

Bibliografische Information der Deutschen Nationalbibliothek

Die Deutsche Nationalbibliothek verzeichnet
diese Publikation in der Deutschen Nationalbibliografie;
detaillierte bibliografische Daten sind im Internet
über *http://dnb.dnb.de* abrufbar.

ISBN 978-3-8012-0683-3
Auch als E-Book erhältlich: ISBN 978-3-8012-7063-6

Copyright © 2024 by
Verlag J. H. W. Dietz Nachf. GmbH
Dreizehnmorgenweg 24, 53175 Bonn

Umschlag/Reihengestaltung: Petra Bähner, Köln
Satz: Rohtext, Bonn
Druck und Verarbeitung: Plump Druck & Medien GmbH, Rheinbreitbach
Alle Rechte vorbehalten
Printed in Germany 2024

Besuchen Sie uns im Internet: *www.dietz-verlag.de*

Inhalt

Vorwort

Angefangen hat alles in der Schule. Ein Klassenkamerad konnte gut zeichnen. Comics, die lustige Geschichten erzählten, gerne auch über unsere Lehrerinnen und Lehrer. Ich konnte und kann gar nicht zeichnen, dafür aber schreiben. Also tauschten wir während des Unterrichts zusammengefaltete Zettel aus mit Witzchen über die Schulstunden. Da wir aber nie zusammensitzen durften, weil wir sonst zu unruhig waren, mussten die kleinen Briefe quer durch die ganze Klasse transportiert werden. Alle, die sie weitergeben sollten, öffneten sie natürlich erst einmal und schauten sich unter zuweilen lautem Gelächter die Zeichnungen und Texte von uns an. Das störte die Klassenruhe natürlich gewaltig und war den Lehrern ein Dorn im Auge bis hin zum Verbot. Deshalb entschieden wir uns dazu, unsere Beiträge lieber auf größere Blätter zu bannen und eine ausgewachsene Zeitung daraus zu machen. Auf einmal waren wir vom Austausch kleiner Zettel auf die große (Schul-)Bühne gelangt, hatten als Schülerzeitungsredaktion plötzlich jede Menge Aufmerksamkeit. Das machte süchtig nach mehr.

Dieses »Mehr« lebte ich nach einem Umzug innerhalb meiner Heimatstadt Köln bei einem Anzeigenblatt aus. Einmal wöchentlich wurde der *Wochenspiegel* kostenlos an alle Haushalte verteilt. Und ich hatte dort Chefs, die redaktionell ehrgeizig waren: Es sollte ausdrücklich auch exklusive und politische Berichterstattung geben. Durchaus ungewöhnlich für ein Gratisblatt. Dafür durfte ich viel unterwegs sein.

34 PS sind gar nicht so leicht zu bändigen. Das war der Spruch, mit dem ich stets stolz meinen Fiat Panda vorgestellt habe. Es war ein zwar kleines, kompaktes und zuweilen etwas langsames Auto. Aber eines, das mich nicht ständig im Stich ließ wie einige im Wortsinn billige Schrottanschaffungen vorher. Kurz nach Abitur und Führerschein musste ich die bittere Erfahrung machen, dass besonders preisgünstige Altautos keine sinnvolle Option sind, wenn man es als freiberuflich tätiger Journalist höchst eilig hat.

Der weiße Kleinwagen mit seinen campingähnlichen Stühlen war nicht besonders bequem. Aber er war eben so klein, dass er in eine übersichtliche Parklücke oder notfalls sogar auf den Bürgersteig passte, wenn man unter Zeitdruck im aktuellen Einsatz zu einem Termin wollte. Notizblock und Fotoapparat waren dabei immer mit an Bord. Und dazu noch ein wahres Ungetüm, das für mich in gewisser Weise die heute allgegenwärtigen Laptops oder Tablets vorwegnahm: Meine Reiseschreibmaschine! Die mechanische Konstruktion mit ihren Buchstabentypen hat mir über viele Jahre treue Dienste geleistet. In Pausen zwischen Terminen habe ich oft ein Blatt Papier eingespannt, um keine Zeit zu verlieren und bereits erste Texte über die soeben besuchten Veranstaltungen zu tippen.

Nach Redaktionsschluss musste die Zeitung natürlich erst einmal hergestellt werden. Eine Aufgabe, die ich neben den Reportereinsätzen ebenfalls wahrnehmen durfte: Artikel auswählen, sie zu der später gedruckten Ausgabe zusammenstellen. Dafür wurden die Texte in Spaltenform auf Spezialpapier ausgedruckt. Das wiederum wurde auf der

Rückseite mit Wachs versehen. So konnten sie auf Monta-getischen zu Zeitungsseiten zusammengesetzt werden, die dann abfotografiert und gedruckt wurden. Heute funktio-niert das alles am Computer. Ohne Papier und Wachs.

Überhaupt: Es hat sich vieles geändert seit den 1990er-Jahren. Damals gab es keine Mobiltelefone, keine Laptops, keine digitalen Fotoapparate. Der Journalismus hat sich ver-ändert – und unsere Konsumgewohnheiten in Sachen Me-dien auch. Und zwar ziemlich grundsätzlich.

In diesem Buch zeichne ich diese Entwicklung nach, be-schreibe den Ist-Zustand des Journalismus und entwerfe Visionen für die Zukunft: Das alles auf der Grundlage von aktuellen Beispielen, aber auch auf der von eigener Erfah-rung und aus verschiedenen Blickwinkeln. Als Reporter, der für nahezu alle Mediengattungen und Formate berichtet hat. Als Medienwissenschaftler, der seit vielen Jahren junge Menschen in diesem Berufsfeld ausbildet. Und als langjäh-riger Interessenvertreter, etwa als Bundesvorsitzender des Deutschen Journalisten-Verbands (DJV).

Ich bin der festen Ansicht, der Journalismus darf nicht sterben. Um sein Ableben zu verhindern, kommt es aber entscheidend darauf an, dass er sich modernisiert, sein ge-sellschaftlicher Wert als unverzichtbar für unsere Demo-kratie vehement in die Aufmerksamkeit rückt und wir Wege finden, wie seriöse Nachrichten und Einordnungen unsere Meinungsbildung ermöglichen. Und natürlich geht es dabei auch darum, den Fachkräftemangel dieser Branche und zu seiner Behebung den Kampf um die besten Köpfe und Talen-te nicht aus den Augen zu verlieren – ganz gleich, ob solche Köpfe eher schreiben oder zeichnen können, analog oder digital berichten wollen, Allrounder oder Spezialisten sind.

In diesem Buch werden viele konkrete Beispiele für Entwicklungen genannt, die allerdings als mögliche zu verstehen sind. Das vorliegende Werk ist keine rein wissenschaftliche Arbeit, die um Vollständigkeit der Darstellung bemüht ist. Mir geht es vielmehr darum, Entwicklung und Gegenwart des Journalismus überblicksartig zu erläutern, um auf dieser Grundlage Szenarien für die Zukunft zu entwerfen, die zur Grundlage für anstehende Diskurse beitragen können. Es liegt an uns allen, welche dieser Visionen dann Wirklichkeit werden!

Frank Überall
Sommer 2024

1.
Journalismus in unserer Gesellschaft

»Deadline« bezeichnet den Zeitpunkt, an dem das Produkt journalistischen Schreibens fertig zur Veröffentlichung und Auslieferung ist und – zumindest war das in der Vergangenheit so – nichts mehr an der Zeitung oder Zeitschrift geändert werden kann. Besonders im Bereich des Printjournalismus spielt das bis heute eine große Rolle. Wenn die ersten Exemplare die Druckmaschine verlassen haben, können Texte oder Bilder nicht mehr korrigiert oder ausgetauscht werden. Zeitungen und Zeitschriften brauchen ein solches enges Zeitkorsett, um pünktlich erscheinen zu können. Denn darauf setzen die Konsumentinnen und Konsumenten: Dass sie zum gewohnten Zeitpunkt das Produkt in den Händen halten können, das ihnen die erwartete Information und Einordnung (sowie auch Unterhaltung) bietet. Die sogenannte Periodizität, also die Regelmäßigkeit der Veröffentlichung, ist in der wissenschaftlichen Definition eine der wichtigsten Komponenten zur Beschreibung von Journalismus. Damit unterscheidet sich dieser Bereich eben fundamental von anderen, gelegentlichen Veröffentlichungen, zum Beispiel im Internet. Es ist nicht das einzige Merkmal zur Differenzierung professioneller, redaktioneller von anderen Publikationen, aber eben doch ein sehr wichtiges.

Was bis zur »Deadline« nicht recherchiert, formuliert, geprüft und in Form gebracht worden ist, findet in der zur

Veröffentlichung anstehenden Ausgabe keinen Platz. Im Notfall muss ein »Stehsatz« auf die Stelle gesetzt werden, für die der nicht fertig gewordene Bericht geplant war. Als Stehsatz bezeichnet man vorproduzierte Beiträge, die zeitlos eingesetzt werden können. Für Tageszeitungen, die in Druckereien hergestellt werden, ist das heute noch üblich. Auch für Rundfunkprogramme ist es notwendig, eine gewisse Disziplin an den Tag zu legen: Natürlich kann man in einer Live-Sendung noch eine ganz aktuelle Eilmeldung unterbringen, man kann aber nicht die gesamten Inhalte in letzter Minute zusammenstellen. Nur im Netz scheint es keine Deadline mehr zu geben: Rund um die Uhr kann veröffentlicht werden, und manche Redaktionen experimentieren längst mit Menschen, die irgendwo auf der Welt Beiträge fertigen und online stellen. Der Vorteil ist, dass die Löhne beispielsweise in Indien viel niedriger sind, außerdem kann aufgrund der Zeitverschiebung auch nachts, an Wochenenden und an Feiertagen gearbeitet werden, ohne dass für den Arbeit- oder Auftraggeber in Deutschland Zuschläge anfallen. Ob die inhaltliche Qualität so aber gehalten werden kann, darf durchaus in Frage gestellt werden. Und überhaupt ist die ständige Jagd nach dem aktuellsten Artikel und der schnellsten Schlagzeile nicht immer zielführend, wenn es um seriöse Information geht.

Historisch gesehen sind Massenmedien immer noch »Neuland«. Der Begriff mag an dieser Stelle irritieren, das ist aber durchaus beabsichtigt. Im Jahr 2013 hatte sich die Republik noch darüber lustig gemacht, als die damalige Bundeskanzlerin Angela Merkel (CDU) dieses Wort im Zusammenhang mit dem Internet verwendete. Dass jedoch eine Debatte über die Anwendung elektronisch-digitaler Handwerkzeuge notwendig war (und auch heute noch ist!), wurde bei der allgegenwärtigen Aufregung ausgeklammert. Es war einmal wieder der schnelle, schillernde und emotionale Effekt, der meinungsstark und personalisiert Raum gegriffen hatte – es war ja auch viel einfacher, sich über die Kanzlerin zu amüsieren als anstrengende Diskurse zu führen und womöglich auch das eigene Verhalten im Netz zu hinterfragen.

Dieses »Neuland« ist nicht nur für Alte und »Boomer«, sondern für eigentlich alle Altersklassen als Herausforderung zu uns gekommen. Innerhalb der Zeitspanne einer Generation hat sich die öffentliche Kommunikation drastisch verändert. Und wie es bei neuer Technik häufig ist, wollte man zunächst gar nicht daran glauben, dass sich das wirklich auf breiter Basis durchsetzen könnte. Ein schönes Beispiel dafür lieferte der Hamburger »Zukunftsforscher« Matthias Horx in einem Interview, das im Jahr 2001 die österreichische Nachrichtenagentur *APA* mit ihm geführt hatte und das auf der Webseite von *Der Standard* heute noch nachzulesen ist. »Das Internet wird sich einer Studie zufolge auf absehbare Zeit nicht zu einem Massenmedium wie Radio und Fernsehen entwickeln«, sagte Horx damals wagemutig voraus. Im Gegensatz zu Telefon oder Radio sei das World Wide Web eine »kompliziert zu bedienende Angelegenheit«. Eine »Breitennutzung« werde es nicht geben, da die Menschen »mit der Technik und Informationsvielfalt« überfordert seien. Horx prophezeite, Gebildete würden das Netz für ihre Zwecke nutzen und so gegenüber den Nicht-Nutzenden eine »digitale Spaltung« entstehen. Zugleich plädierte er dafür, der Zugang zum Internet müsse »einfacher und billiger« werden und außerdem die Software sicherer und einfacher zu bedienen sein.

In den letztgenannten Punkten sollte Matthias Horx Recht behalten, wenngleich er die Dynamik unterschätzt hatte, mit der sich das Internet und seine Nutzung entwickeln sollten. Innerhalb von gut zwei Jahrzehnten hat es auf breiter Front in die Nutzungsgewohnheiten fast aller Menschen massiv Einzug gehalten. Auch wenn manche mit dem Leben im Digitalen fremdeln, lässt sich nicht von der Hand weisen, dass das Netz längst zu einem Mittel der Massenkommunikation geworden ist. Das hat auch Folgen für den Journalismus.

Aber gehen wir noch einen (weiten) Schritt zurück in die Vergangenheit: Bevor es überhaupt analoge Massenmedien gab, war Öffentlichkeit gänzlich anders strukturiert. Ob das »Forum« im alten Rom, die »Agora« bei den antiken Griechen oder auf dem »Marktplatz« der Moderne: Immer waren es Menschen, die sich versammelten und Neuigkeiten austauschten und verhandelten. Die Distanz, die durch Buch- und Zeitungsdruck sowie später elektronische Medien wie Radio und Fernsehen entstand, war damals noch nicht gegeben. Es waren überschaubare Einheiten, wenn sich Menschen vor Ort getroffen und ausgetauscht haben. Nachrichten konnten nur mündlich oder – mangels entsprechender Kompetenzen nur von einem vergleichsweise kleinen Teil der Bevölkerung – handschriftlich übermittelt werden. Das hat sich sehr grundsätzlich verändert, bis hin zur heutigen Situation im »Neuland«, das sich technisch und inhaltlich permanent schneller erneuert als die Kompetenzen der Nutzenden.

Beschäftigt sich man mit offiziellen Statistiken über die zeitgenössische Nutzung von Medien, klingen die Ergebnisse erst einmal gewöhnungsbedürftig. Jedes Jahr lassen *ARD* und *ZDF* für ihre Studie zum Trend der Massenkommunikation Menschen befragen, wie intensiv sie welche Medien nutzen. Satte sieben Stunden (421 Minuten) Medienkonsum täglich wurden da jüngst festgestellt, was ein enormer Anteil am 24-Stunden-Tag ist. Wie wenig man solchen statistischen Durchschnittsbildern selbst entspricht, lässt sich auch an der Dauer des täglichen Schlafes ablesen, der in der aktuellen Studie mit 221 Minuten am Tag (also nicht einmal vier Stunden) angegeben wird ...

Trotzdem bleibt die repräsentative Studie eine gute Grundlage, um Veränderungen des Nutzungsverhaltens zu beobachten. Wenn allgemein von Medien die Rede ist, müssen dabei verschiedene Aspekte beachtet werden. So ist es gerade bei Radio und Fernsehen so, dass man nicht immer konzentriert die Sendungen verfolgt. Das Gerät ist halt angeschaltet, wird als »genutzt« registriert, faktisch werden die dort vermittelten Inhalte aber gar nicht richtig zur Kenntnis genommen. Wenn Musik aus dem Radio oder die Stimmen aus dem Fernseher bloß als Hintergrundgeräusche dienen, sei es im Haushalt oder auf dem Weg zur Arbeit, gibt das nur bedingt Einsichten in die tatsächliche »Nutzung« des Mediums – vor allem, wenn es um das Thema geht, das uns in diesem Buch beschäftigt: den Journalismus.

Wenn man sich den gesamten Medienkonsum anschaut, ist es auch wichtig, Informationen und andere Darbietungen zu unterscheiden. Wer sich eine unterhaltende Komödie oder ein »Fest der Volksmusik« im Fernsehen anschaut, hat damit zwar ein wertvolles kulturelles, aber eben noch kein Informationsbedürfnis gestillt. Man muss also genau hinschauen, wenn man lange Nutzungszeiten wie durchschnittlich 202 Minuten an Bewegtbild und 186 Minuten an

Audio zur Kenntnis nimmt. Text ist mit 54 Minuten am Tag gegenüber den anderen Mediengattungen inzwischen deutlich ins Hintertreffen geraten. Videos werden immer häufiger geschaut, wenn auch zunehmend eher im Netz als im linearen Fernsehen.

In einem darf sich Zukunftsforscher Matthias Horx aber bestätigt fühlen: Es gibt tatsächlich so etwas wie eine »digitale Spaltung«. Ältere ab 50 sind eher linear unterwegs, schauen oder hören sich also Sendungen an, während sie ausgestrahlt werden. Jüngere dagegen konsumieren diese eher digital. Das wiederum hat den Vorteil, dass man nicht an starre Sendezeiten gebunden ist. Mediatheken und Portale sind jederzeit abrufbar, ganz so wie es der eigene Tagesablauf erlaubt, unabhängig nicht nur von der Zeit, sondern dank mobiler Geräte auch vom Ort des Medienkonsums.

Auch die »Stiftung für Zukunftsfragen« bestätigt in ihrem Freizeit-Monitor für 2023 diese Trends der Mediennutzung: Radio und Printprodukte verlieren, digitale Kanäle gewinnen massiv hinzu. Fast jeder zweite Mensch, der für die Studie befragt wurde, gab an, täglich auf eine Social Media-Seite zu gehen. Damit habe sich diese Art der Nutzung in den vergangenen zehn Jahren verdoppelt. Mehr als zwei Drittel seien laut Freizeit-Monitor mindestens einmal in der Woche auf Social Media aktiv. Wir sind also gerade mittendrin in einem fundamentalen Medienwandel, erleben ihn »live« mit. Es lohnt sich also, hier genauer hinzuschauen. Da ist es hilfreich, wenn das Hamburger Hans-Bredow-Institut ebenfalls regelmäßig untersucht, wie verschiedene Medien genutzt werden – und wie dabei insbesondere Nachrichten die Zielgruppen erreichen. In seinem Reuters Institute Digital News Report für 2024 wird in Bezug auf Deutschland ausgeführt, dass gerade junge Menschen Social Media nutzen, um an Nachrichten zu kommen. Demnach liegt Instagram mit 27 Prozent bei den 18- bis 24-Jährigen an der Spitze, in der Altersgruppe wird zu 13 Prozent auch TikTok dafür verwendet, YouTube kommt auf 21 Prozent.

Wir nehmen unsere Welt jedenfalls hauptsächlich vermittelt über Medien wahr. Das klingt erst einmal vermessen, wenn es in einem Buch steht, das explizit als Debattenbeitrag Position für den Journalismus bezieht. Vielleicht ist es zur Begründung hilfreich, dass der einflussreiche Soziologe Niklas Luhmann das ebenso formuliert hat: »Was wir über unsere Gesellschaft, ja über die Welt, in der wir leben, wissen, wissen wir durch die Massenmedien.« Tatsächlich müssen wir uns bewusst machen, dass wir schlicht nur einen Teil des gesellschaftlichen Lebens aus eigener Erfahrung wahrnehmen können. Selbst aus Erzählungen von Familie, Freunden und Bekannten können wir uns nur einen kleinen Teil der Welt erschließen. Wir brauchen Medien, damit uns Nachrichten und Beschreibungen aus aller Welt erreichen. Dazu gehört auch schon die Welt in unserer Bundeshauptstadt. Welche Bürgerin, welcher Bürger hat überhaupt schon einmal ein Mitglied der Bundesregierung persönlich gesehen, geschweige denn kennengelernt und konnte sich mit ihm über das Für und Wider seiner Politik austauschen? Es dürften sehr, sehr wenige sein. Um uns also orientieren zu können, brauchen wir professionell Beobachtende, die uns im Wortsinn Bericht erstatten.

Wir alle nutzen Medien, auch journalistische. Wir sind von Natur aus neugierig, wir gieren nach Nachrichten, wollen mitreden können. Wir wollen wissen, was in unserer Gesellschaft los ist. Was da los ist, wo wir leben. Welche Bedrohungen, welche Chancen, welche Vorbilder es außerhalb unseres ganz persönlichen Nahbereichs gibt. Wir können nicht überall sein – deshalb brauchen wir Menschen, die uns darüber berichten. Das heißt nicht einfach solche, die uns etwas erzählen, sondern solche, bei denen wir uns darauf verlassen können, dass sie die Realität auf der Grundlage von Professionalität und Berufsethos wahrheitsgemäß darstellen. Das ist der Deal, den der Journalismus mit seinem Publikum hat, aus ihm leitet sich eine besondere gesellschaftliche Verantwortung ab.

Die Wissenschaft, die sich mit Journalismus und Publizistik beschäftigt, verfügt über zahllose Ansätze zu deren Beschreibung. Die wichtigsten Kategorien erklären dabei die Funktionen von Journalismus aus verschiedenen Blickwinkeln. Die erste ist die Informationsfunktion. Bei ihr geht es darum, Öffentlichkeit herzustellen. Dazu gehört es auch, unterschiedlichen Meinungen Raum zu geben und nicht einseitig zu berichten. Die Bevölkerung muss die Gelegenheit bekommen, sich mithilfe von Massenmedien zu artikulieren. Denn genauso wie die einzelne Bürgerin oder der einzelne Bürger selten die Möglichkeit hat, direkt auf Politikerinnen und Politiker Einfluss zu nehmen, verhält es sich auf der Seite der politisch Tätigen: Sie sind darauf angewiesen, durch glaubwürdige Darstellungen ein Bild vom Zustand und von den Gedanken der Gesellschaft zu bekommen. Journalismus arbeitet diese Situation auf und präsentiert sie in seinen Publikationen.

Umgekehrt müssen Entscheidungen der Regierenden in der breiten Masse kommuniziert werden. Wenn beispielsweise Steuergesetze oder Strafvorschriften geändert werden oder wenn die Müllabfuhr seltener kommt, sollte es kein Zufall sein, dass sich das herumspricht. Politik besteht schließlich darin, allgemein verbindliche Regeln zu finden, die dann auch kommuniziert werden, damit sie von allen eingehalten werden. Diese Kommunikation leisten die Massenmedien. Aber eben nicht nur: Zugleich ist es ihre Aufgabe, den politischen Diskussionsprozess zu begleiten und zu erläutern, bevor beziehungsweise während solche Entscheidungen getroffen werden – auch, damit die so informierten Menschen die Möglichkeit haben, ihre Interessen gegenüber den (repräsentativ) Herrschenden frühzeitig zu artikulieren. In diesem Zusammenhang spricht man auch von den Medien als »vierter Gewalt«. Natürlich gehört der Journalismus in Deutschland ausdrücklich nicht zu den formellen staatlichen Gewalten Legislative, Exekutive und Judikative. Er ist nach dem Zweiten Weltkrieg in der demokratischen Bundesrepublik bewusst staatsfern organisiert worden. Aber er hat die gesellschaftliche Aufgabe, die Mächtigen zu kontrollieren. Dazu gehört beispielsweise, auf Missstände aufmerksam zu machen und Verantwortliche zu benennen. In repressiven Staaten ist das kaum, in Diktaturen meist gar nicht möglich.

Die zweite Medienfunktion ist die der Sozialisierung. Forschende beschreiben damit die Vermittlung von Normen, Werten und Verhaltensmustern. Durch die – durchaus auch kritische – Spiegelung der Verhältnisse in der Berichterstattung soll eine gesellschaftliche Integration und Identifikation der Individuen sichergestellt werden. Damit einher geht auch die dritte Funktion der Orientierung, die vor allem in der Regelmäßigkeit der Information und der Schilderung von Zusammenhängen und Beweggründen gegeben wird. Die vierte Funktion wird im Fachdeutsch etwas sperrig als »Rekreation« beschrieben. Dabei geht es schlicht um Ablenkung, Zerstreuung und Unterhaltung. Auch das gehört zum Leben, und nicht jede oder jeder möchte sich ständig mit anstrengenden Themen auseinandersetzen.

Es geht also bei professionellen Medien vor allem um eine gesellschaftliche Beobachtung und Beschreibung, die wir in der Regel allein nicht leisten können oder wollen. Informationen sind wichtig zur Orientierung, gerade in einer Demokratie, in der es als mündige Bürgerin oder Bürger darum geht, politische Entscheidungen zu beeinflussen – sei es durch die Teilnahme an Wahlen, durch Petitionen oder schlicht durch öffentliche Äußerungen. Denn die Summe all dessen, was in der mehr oder weniger großen Öffentlichkeit gesagt und getan wird, macht unseren gemeinsamen Diskurs aus. Genau da aber wird es in diesen Zeiten schwierig.

Weltweit ist die Demokratie schon nicht mehr die bevorzugte Staatsform. Die britische *Economist*-Gruppe hat ermittelt, dass im Jahr 2024 nur noch 45,7 Prozent der Weltbevölkerung »in einer Form der Demokratie« leben. Das ist weniger als die Hälfte. Und selbst bei diesen Staatsformen werden auch noch recht autoritäre »Demokratien« mitgezählt. Insgesamt beobachten die Fachleute in ihrem »Demokratie-Index« zudem weltweit eine Zunahme an gewaltsamen Konflikten. Auch Deutschland ist gegen diesen internationalen Trend nicht gefeit. Die repräsentative »Akzeptanzstudie« der *ARD* kam im Jahr 2023 zu dem Ergebnis, dass nur 54 Prozent der Deutschen mit der Demokratie zufrieden sind – ein drastisches Minus gegenüber den Vorjahren. Im Osten des Landes seien es sogar nur 33 Prozent.

Unterdessen gibt die »Mitte-Studie« der Friedrich-Ebert-Stiftung traditionell Einblicke in die zuweilen distanzierten bis ablehnenden Einstellungen gegenüber der Demokratie in der Bundesrepublik. In der aktuellen Ausgabe der Untersuchung, die im Herbst 2023 vorgestellt wurde, sind durchaus Besorgnis erregende Zahlen nachzulesen. Demnach teilen acht Prozent der Bevölkerung ein rechtsextremes Weltbild, einige davon träumen ausdrücklich von einer Diktatur. Die Forschenden haben ein »Gefühl mangelnder politischer Selbstwirksamkeit« festgestellt und beschreiben eine »Normalisierung rechtsextremer Positionen«. 38 Prozent der Befragten vertreten verschwörungsgläubige Positionen. Das ist weit mehr als jede oder jeder Dritte in unserem Land. Viele fühlen sich also nicht mehr hinreichend in Gesellschaft und Politik repräsentiert – und somit offenbar auch nicht in den journalistischen Medien.

Interessant sind in diesem Zusammenhang Erhebungen zum Vertrauen in die verschiedenen gesellschaftlichen Institutionen. Nach einer Forsa-Studie im Auftrag der Illustrierten *Stern* sowie der Sender *RTL* und *ntv* Anfang 2024 sind es vor allem Ärztinnen und Ärzte, Polizei und Universitäten, denen die Menschen in unserem Land am meisten Vertrauen schenken. Soziale Netzwerke schneiden dramatisch schlecht ab, Politik und Regierung recht mager. Im Mittelfeld liegen dagegen die Medien mit bis zu 50 Prozent. Allerdings scheint es schwierig zu sein, das Vertrauen tatsächlich empirisch zu messen. Die Ergebnisse der zahlreichen Studien sind im Detail durchaus unterschiedlich. Es lässt sich aber ein Trend erkennen, der nicht allein an Krisen wie der Corona-Pandemie liegen kann. So stellte das Hans-Bredow-Institut in seinem Reuters Institute Digital News Report 2023 fest, dass für dieses Jahr in Deutschland der niedrigste Wert des Vertrauens in Nachrichten seit Beginn der jährlichen Erhebungen 2015 gemessen wurde. Nur 43 Prozent waren noch der Meinung, dass man den Großteil der News glauben könne. Zugleich ergab die Bestandsaufnahme, dass insgesamt immer weniger Interesse an Nachrichten und an Politik existiert. Mehr als die Hälfte der Befragten gab an, sich vor allem über Texte im Internet zu informieren. Im neuen Reuters Digital News Report wurde dann 2024 erstmals festgestellt, dass das Internet das Fernsehen als am häufigsten genutzte Quelle für Nachrichten abgelöst habe. Das ist ein extrem hoher Wert und schließt wohl nicht nur den Qualitätsjournalismus im Netz, sondern auch die dort kursierenden unseriösen Quellen mit ein, die von manchen als »Nachrichten« wahrgenommen werden.

Einzelbeobachtungen der Gesellschaft gibt es in den sogenannten sozialen Netzwerken recht viele. Sie zusammenzuführen und zur Diskussion zu stellen, ist Aufgabe des Journalismus. Dabei kann und darf es nicht allein darum gehen, konkurrierende Meinungen und Gruppen gegenüberzustellen, womöglich sogar gezielt gegeneinander aufzuhetzen. Journalismus hat in einer demokratischen Gesellschaft auch die Aufgabe, das Verbindende zu finden, Kompromisslinien zu eruieren und eben die Fakten und Argumente zu liefern, um die dann im Wettstreit der Öffentlichkeit gerungen wird. Dabei haben wir uns aber immer wieder bewusst zu machen, dass zum Journalismus auch Selbstkritik gehört. Journalismus konstruiert die Wirklichkeit, indem er als Brennglas der Wahrnehmung auftritt. Bei der ernsthaften Korrektur von dabei immer möglichen Fehlern oder Fehleinschätzungen können soziale Netzwerke eine große Rolle spielen – wenn es denn um ernsthafte Auseinandersetzungen abseits von Hass und Hetze geht.

Deshalb gehört Journalismus auch zur Daseinsvorsorge. Es gibt verschiedene Bereiche, die der Gesellschaft zum Leben, zum »Dasein«, elementar wichtig sind. Dazu zählt beispielsweise die strukturelle Versorgung mit Wasser und Energie – aber eben auch mit Informationen. In der Zeit der Corona-Pandemie ist das für viele noch einmal sehr deutlich geworden: Es gibt diese Bereiche, die zur »kritischen Infrastruktur« gehören. Ob allerdings professionelle Medien und deren Macherinnen und Macher auch dazu gehören, wurde in einzelnen Bundesländern im Detail durchaus unterschiedlich gesehen. So wurde darüber gestritten, ob Medienschaffende bevorzugt geimpft oder von Ausgangssperren ausgenommen werden dürfen und ob sie einen privilegierten Zugang zur Kinderbetreuung bekommen. Letztlich aber war man sich einig: Um die Bevölkerung glaubhaft zu informieren, müssen Journalistinnen und Journalisten ihrer Arbeit nachgehen können. Sie sind relevant für das System unseres Zusammenlebens, denn ansonsten bliebe nur noch die Information durch staatliche Stellen übrig – ganz ohne kritisches Nachfragen und Einordnen. Für eine gesellschaftliche Debatte wird eben auch in Krisenzeiten ein gemeinsamer Informationshaushalt gebraucht, der nach professionellen Kriterien erstellt wird.

Journalismus ist deshalb auch ein Kulturgut. Er ist kein reines Wirtschaftsgut und sollte auch nicht als solches betrachtet werden – wenngleich auf der Hand liegt, dass die Erstellung und die Verteilung der redaktionellen Produkte natürlich finanziert werden müssen. Kultur umfasst nicht nur die künstlerischen, sondern auch die geistigen Leistungen einer Gesellschaft. Bei der soziologischen Betrachtung von Kultur geht es unter anderem um unser aller Handeln im Alltag. Der Journalismus als »meritorisches Gut«, wie es Fachleute definieren, hat wie Gesundheitsvorsorge oder Theateraufführungen einen Nutzen für die Gesellschaft. In der Wirtschaftswissenschaft geht man davon aus, dass Angebot und Nachfrage bei solchen Gütern nicht allein dem Markt überlassen werden können. Stattdessen werden staatliche Eingriffe als notwendig erachtet. Das wiederum ist gerade im Bereich des Journalismus äußerst problematisch. Es kann schnell dazu führen, dass der Staat entscheidet, über was berichtet werden darf und wie berichtet wird. Im äußersten Fall kann das zu Zensur führen.

Bei der Relevanz des Journalismus als Kulturgut muss man fein unterscheiden, welche Kriterien da zugrunde gelegt werden. Journalismus ist der Gesellschaft gegenüber verantwortlich, Public Relations (PR, auch: Öffentlichkeitsarbeit) dagegen steht im Dienst einer Institution, vertritt konsequent deren Interessen. Bei der Diskussion über diese zuweilen sehr unterschiedlichen Felder wird häufig auf ein Zitat verwiesen, das dem Schriftsteller George Orwell zugeschrieben wird: »Journalismus heißt, etwas zu drucken, von dem jemand will, dass es nicht gedruckt wird. Alles andere ist Public Relations.« Prinzipiell gehen die beiden Bereiche also trotz aller handwerklichen Gemeinsamkeiten ziemlich verschieden an die Bearbeitung von Themen heran, auch wenn deren Präsentation manchmal in weiten Teilen ähnlich ist. Gute PR fußt schließlich auch auf Fakten, die journalistisch so aufbereitet werden, dass sie für das Publikum interessant sind. Es kann dort aber kraft Definition nicht darum gehen, kritisch gegenüber dem eigenen Produkt oder der Dienstleistung zu informieren, wie es im Gegensatz dazu der Journalismus macht.

Doch auch am Journalismus gibt es zuweilen Kritik. Neutralität und Objektivität beschreiben als prinzipielle Zielmarken, dass es in der Berichterstattung eben nicht um Propaganda gehen darf. Faktisch lässt sich aber nicht ausblenden, dass Journalistinnen und Journalisten Menschen sind, mit einer entsprechenden Haltung und Meinung, mit einer jeweils eigenen Sozialisation. Bei aller Professionalität wird sich das nie gänzlich ausblenden lassen. Deshalb ist es wichtig, sich sogenannte »Frames« bewusst zu machen. Diese »Rahmen« beschreiben eine bestimmte Sichtweise auf die Welt. So wird jemand, der mittel- und wohnungslos ist, die Entwicklung von Aktienkursen an der Börse sicher anders »framen« als ein gut situierter Investmentbanker. Die oft unbewusste Verwendung von Frames fängt schon bei der Sprache an, woraus sich auch die aktuellen gesellschaftlichen Debatten über diskriminierende Begriffe sowie über das Gendern erklären. Frames erschaffen Wirklichkeit, indem sie Perspektiven betonen. Aufgabe des Journalismus ist es gerade, sich nicht an einer Perspektive festzuklammern, sondern ein Gesamtbild der Situation zu liefern.

In der täglichen Praxis gibt es aber immer wieder Ausreißer. So weist die Professorin für Journalistik und Kommunikationswissenschaft an der Katholischen Universität Eichstätt-Ingolstadt Friederike Hermann im Fachdienst *epd medien* darauf hin, dass sich Journalistinnen und Journalisten allzu häufig der »Institutionenperspektive« zuwenden, also berichten, was Politikerinnen und Politiker ihnen erzählen. Das könne zu einem »Verlautbarungsjournalismus« führen, der eine Agenda vorgibt und wichtige Perspektiven unbeleuchtet lässt. »Und Journalisten reflektieren zu selten, in welche Narrative sie dabei eingebunden werden.«

In seinen Forschungen beschäftigt sich der Medienwissenschaftler Uwe Krüger intensiv mit solchen Strukturen. Er hat in einem Gastbeitrag für die *Sächsische Zeitung* bereits im Sommer 2020 vor dem Hintergrund der Berichterstattung über die Corona-Pandemie dafür scharfe Worte gefunden. Es habe eine besonders »verantwortungsethische Haltung« auf der Seite der Journalistinnen und Journalisten gegeben, auch vor dem Hintergrund eines »gefühlt hohen sozialen Drucks zur Vereinheitlichung von Themenagenden und Meinungen«. Letztlich werde so aber »lediglich der Diskurs der politischen Eliten« abgebildet. Die Hypothese des »Indexing« gehe schon lange davon aus, so Krüger, dass sich Medien darauf reduzierten, »die Meinungsspanne innerhalb des politischen Establishments anzeigen«.

In der *Süddeutschen Zeitung* (SZ) hat Chefreporter Roman Deiniger gezeigt, wie schnell allzu große Nähe vor allem zu Politikerinnen und Politikern entstehen kann. Er beschreibt eine »komplexe, aber in dieser Komplexität auch alternativlose Beziehung von Journalisten und Politikern«, die ein »ständiger Grenzgang zwischen Nähe und Distanz« sei. In der Tat ist es wichtig, gute Kontakte aufzubauen, um an (exklusive) Informationen für die Berichterstattung zu gelangen. Manche Medienschaffende kommunizieren via SMS-Mitteilungen oder über WhatsApp mit Teilnehmenden an internen Sitzungen, um das dann teilweise noch während der Veranstaltung zu veröffentlichen. Gerade in der Bundespolitik gibt es viele Gelegenheiten zum gegenseitigen Austausch. In den Sitzungswochen des Deutschen Bundestags finden an jedem Abend Veranstaltungen statt, zu denen Medien oder Politik, Wirtschaft oder Kultureinrichtungen, Verbände und Lobbyisten einladen. »Journalisten und Politiker hocken ständig aufeinander, im Parlament, im Foyer der CSU-Zentrale oder beim Grillfest des Bundesverbandes deutscher Kieferorthopäden«, heißt es dazu bei Deiniger zugespitzt.

Eine andere Variante der Verlockungen wird zwar noch häufig in der Öffentlichkeit diskutiert, hat aber weitgehend ihre Funktion verloren: Der Presseausweis ist längst keine Rabattkarte mehr. In früheren Zeiten gab es kaum etwas, was man nicht billiger bekommen konnte, wenn man einen Presseausweis vorlegte. Inzwischen ist das eher auf den tatsächlich beruflichen Bereich beschränkt: Der Eintritt zu Veranstaltungen, über die man berichtet, ist kostenlos, und für dienstliche Reisen oder redaktionell genutztes Arbeitsgerät gibt es manchmal noch Rabatte. Das aber ist in fast jedem anderen Berufsstand auch so: Über Gewerkschaften oder Vereine und bisweilen unter direkter Berufsangabe beim Anbieter gibt es günstigere Preise.

Trotzdem müssen Journalistinnen und Journalisten in vielfacher Hinsicht darauf achten, ob sich die Annahme von Geld, Geschenken oder Vorteilen auf ihre Arbeit auswirkt. Gerade gegenüber einem zunehmend kritischen Publikum ist das wichtiger denn je. Die Glaubwürdigkeit eines Mediums kommt nicht von allein, und auch große, bekannte Marken sind für sich genommen kein dauerhafter Garant für wirtschaftliches Wohlergehen. Medienschaffende wissen, dass ihr Verhalten hinterfragt wird und sie auch selbst darüber nachdenken müssen, was die Grenzen des Legalen oder auch nur des Legitimen überschreitet – also nicht nur die Grenzen des Strafrechts, sondern auch die weitergehenden, teils ungeschriebenen Regeln der Beeinflussung.

Der Pressekodex des Deutschen Presserates gibt dazu in Ziffer 15 zu »Vergünstigungen« klare Leitlinien vor. »Die Annahme von Vorteilen jeder Art, die geeignet sein können, die Entscheidungsfreiheit von Verlag und Redaktion zu beeinträchtigen, sind mit dem Ansehen, der Unabhängigkeit und der Aufgabe der Presse unvereinbar«, heißt es dort: »Wer sich für die Verbreitung oder Unterdrückung von Nachrichten bestechen lässt, handelt unehrenhaft und berufswidrig.« Letzteres ist dann im Zweifel nicht nur ein Fall für den Presserat, sondern auch für Polizei, Staatsanwaltschaften und Gerichte. Bestechung ist strafbar, und leitende Mitarbeitende der öffentlich-rechtlichen Sender werden schon für die bloße Annahme von Vorteilen bestraft, dafür muss gar nicht nachgewiesen werden, dass ihre Entscheidungsfreiheit beeinträchtigt ist. Als Amtsträger gelten für sie strengere Strafvorschriften als für ihre Kolleginnen und Kollegen in der privatwirtschaftlich finanzierten Presse.

Auch mit Einladungen und Geschenken beschäftigt sich der Pressekodex, indem er definiert, dass deren Wert »das im gesellschaftlichen Verkehr übliche und im Rahmen der beruflichen Tätigkeit notwendige Maß« nicht übersteigen darf. Werbeartikel oder andere »geringwertige Gegenstände« seien unbedenklich. Einen Werbekugelschreiber im Wert von wenigen Cent darf man also annehmen, einen Montblanc-Füllfederhalter, der um die 700 Euro kostet, sicher nicht. Hier die konkreten Grenzen im Alltag zu erkennen und entsprechende Angebote abzulehnen, ist eine Herausforderung, die sich Journalistinnen und Journalisten stets bewusst machen müssen.

Wahrhaftigkeit, Ehrlichkeit und Transparenz sind kein »Nice To Have«, sondern elementar, wenn es darum geht, Vertrauen in die Medien wachzuhalten beziehungsweise wieder oder neu aufzubauen. Journalismus ist Vertrauenssache. Das zeigen auch Befragungen. Das Hans-Bredow-Institut hat 2020 in einer Studie die Erwartungshaltung der Bevölkerung ermittelt, dass Journalisten »in erster Linie über Geschehnisse objektiv berichten, sie analysieren und einordnen« sollen. Die Kontrollfunktion wird auch hier besonders betont.

Dazu gehört dann ebenfalls, dass die journalistischen Produkte konsequent glaubwürdig sind – also im Wortsinne würdig, dass wir ihnen glauben. Würde ist in diesem Zusammenhang ein Verdienst, das sich aus einer professionellen Haltung ergibt. Das wiederum besteht aus ordentlichem Handwerk und berufsethischer Orientierung. Ausgewogenheit und Wahrhaftigkeit sind die Schlüsselelemente. Jegliche Verstöße gegen diese Haltung gefährden zumindest die jeweilige journalistische Marke, aber letztlich auch den Berufsstand und damit das Kulturgut insgesamt. Ein herausragendes Negativbeispiel ist der Skandal um die vermeintlichen »Hitler-Tagebücher« des *Stern*. Auch die so nie geführten Interviews von Tom Kummer oder die unaufrichtig inszenierten Geschichten von Claas Relotius gehören in diese Kategorie. Das sind Einzelfälle, vorsätzliche Fehlleistungen. Aber genau diese Fälle werden immer wieder von Menschen genannt, die redaktionell erstellten Medien skeptisch bis ablehnend gegenüberstehen. Es besteht auch immer die Gefahr, dass Mächtige sich der Kontrollfunktion der Medien zu entziehen versuchen, indem sie ihnen pauschal unterstellen, ohnehin nicht immer ganz wahrheitsgetreu zu berichten. Und genauso wie eine Magenverstimmung oder sogar eine Lebensmittelvergiftung geeignet sind, das Vertrauen in ein Nahrungsmittel zu untergraben, verhält es sich auch mit den Fehlleistungen oder gar Betrügereien im

Journalismus: Ganz gleich, wie gut man solche Verfehlungen im Nachhinein aufarbeitet, bei solch dramatischen Fällen bleibt »immer etwas hängen«.

Umso wichtiger ist es, penibel zu recherchieren und sich der Wahrheit bestmöglich zu nähern. Wenn argumentiert wird, Medien hätten grundsätzlich objektiv die Wahrheit zu vermitteln, befindet man sich schon in einem gedanklichen Dilemma. Denn wie in der Wissenschaft kann es im Journalismus nur darum gehen, mit professionellem Handwerkszeug die Wahrheit bestmöglich zu beleuchten und darzustellen. Wer den Anspruch hat, stets die Wahrheit zu verkünden, ist (zumindest) in diesen Berufen falsch. Man muss immer offen bleiben für das bessere Argument, muss immer auch damit rechnen, dass die Welt im Allgemeinen oder eine aufgeschriebene Geschichte im Besonderen ganz anders aussieht. Nur so entwickelt sich Gesellschaft weiter.

Deshalb ist es auch unerlässlich, sich mit Fehlern in der Berichterstattung aufrichtig auseinanderzusetzen. Da hat sich in den vergangenen Jahren viel getan. Lange Zeit galt es als unprofessionell, Fehler öffentlich einzugestehen. »Das versendet sich«, hieß es bei den elektronischen Medien. »Nichts ist so alt wie die Zeitung von gestern«, rechtfertigten sich Journalistinnen und Journalisten aus dem Printbereich. Die vorherrschende Einstellung war, dass man als Prophet auf einen Berg steigt und sendet – aber nicht empfängt. In einer aufgeklärten Gesellschaft lässt sich das nicht mehr vertreten.

Nahezu alle seriösen Medien korrigieren deshalb ihre Fehler inzwischen transparent und offensiv. Bei Tageszeitungen geschieht das häufig direkt in der folgenden Ausgabe. Internetredaktionen schreiben ihren Text um und versehen ihn mit einem Hinweis, dass es in einer früheren Version eine andere Darstellung gegeben habe, die sich in der Zwischenzeit als unrichtig herausgestellt habe. Wo Menschen arbeiten, können und werden auch immer solche Ungenauigkeiten oder Fehler entstehen. Das Publikum hat dafür Verständnis – es muss sich aber auch hier zunächst eine eigene Meinung bilden können. Das wiederum geht nur, wenn es transparent informiert wird.

Überhaupt hat sich die Einstellung der Bevölkerung geändert. Man achtet auf gesunde und möglichst biologisch erzeugte Ernährung, sorgt sich um die Haltung von Tieren vor der Schlachtung, hinterfragt die Herstellungsbedingungen von Elektrogeräten. Dieser Trend macht vor dem Journalismus nicht Halt. Das Publikum nimmt nicht mehr bedingungslos hin, was ihm serviert wird. Man will wissen, in welchem Prozess Nachrichten entstehen, ob sie zuverlässig und glaubwürdig sind. Der journalistische Berufsstand musste sich an solch kritisch hinterfragende Rezeption erst gewöhnen.

Diese Entwicklung ging einher mit einer Neuordnung des Medienmarktes, die Gelerntes und Gewissheiten plötzlich als gestrig erscheinen ließen. So ist die Zeit der »Straßenfeger« und »Lagerfeuer« vorbei. Als es nur zwei Fernsehprogramme plus die »Dritten« für die jeweilige Region gab, war die Auswahl dessen, was man sich auf den Röhrenempfangsgeräten anschauen konnte, übersichtlich. Zunächst wurde in Schwarz-Weiß gesendet, viele konnten sich erst spät einen Farbfernseher leisten. Dabei war der Fernseher längst zum Sog für den Medienkonsum geworden. Zeitungen, Zeitschriften oder Radio wurden zwar noch intensiv genutzt, die tägliche Nutzungsdauer des Fernsehens stieg aber immer weiter an. Zur Stimme auch noch ein bewegtes Bild zu bekommen, in manchen Situationen sogar »live« gesendet, übte eine zuvor nie gekannte Faszination aus. Was aber hat das mit dem erwähnten »Lagerfeuer« zu tun?

Es gab Sendungen, über die am nächsten Tag alle sprachen. »Wetten, dass...?« war eine solche Show. Ausgestrahlt am Samstagabend, gefühlt unendlich lang, mit Superstars, großem Publikum und manchmal skurrilen Wetten. Die Einschaltquoten waren traumhaft, die Straßen eben nahezu leer, weil alle vor dem Fernseher saßen. Kinder und Jugendliche durften länger ausbleiben, weil sie ihren Eltern glaubhaft vermittelten, dass sie in der Schule mitreden können mussten. In den Pausen unterhielt man sich auf dem Schulhof darüber, was beim ZDF am späten Samstagabend für Sensationen zu bestaunen waren. Es gab ja nicht viele Alternativen im Fernsehprogramm. Heute ist das grundlegend anders. Allein die Vielzahl an Fernsehsendern kann verwirren, hinzu kommen zahllose andere Arten der Veröffentlichungen. »Die Gesellschaft wird sich weiter ausdifferenzieren«, erklärt der Schweizer Medienforscher Otfried Jarren dazu. »Das Zeitalter der Massenmedien ist vorbei.«

Das gilt auch für das Fernsehen, das trotz aller Alternativen immer noch einen der Spitzenplätze im Medienkonsum der Deutschen einnimmt. Hierzulande sind private Sender vergleichsweise spät an den Start gegangen. Aber dann gab es plötzlich jede Menge Auswahl, die Aufmerksamkeit des Publikums spaltete sich auf. Ähnlich wie beim späteren Siegeszug des Internet konnte man in den 1980er-Jahren beobachten, dass auch die Einführung des Privatfernsehens düstere Vorstellungen von der Zukunft des Medienkonsums heraufziehen ließ. Veränderungen im medialen Geschehen lassen sich stets mit solchen Befürchtungen verbinden. So gab es, nachdem die Menschen einst im Kino an den Stummfilm gewöhnt waren, sogar Plakate, die zum Protest aufriefen, als die Schauspielerinnen und Schauspieler auf der Leinwand plötzlich anfingen zu sprechen. »Tonfilm ist Kitsch!«, hieß es in Pamphleten.

Der Film mit Ton ist längst zum Standard geworden, und niemand kommt heute noch auf die Idee, darin eine Bedrohung unserer Kultur zu sehen. Zugleich ist das Kino auch nicht, wie von einigen bei Einführung des Fernsehens vorausgesagt, gänzlich aus unserer Kultur verschwunden. Dafür gibt es nun vielfältige neue Herausforderungen, die uns am Stand der Nachrichtenvermittlung zweifeln oder gar verzweifeln lassen. Der frühere *ZDF*-Intendant Markus Schächter hat es treffend auf den Punkt gebracht, indem er beschreibt, dass es »kaum noch eine relevante Nachricht« gebe, »die man zuerst aus den klassischen Massenmedien erfährt«. Social Media habe zu einem »Übermaß der Informationsangebote« geführt, zugleich seien diese Kommunikatoren aber »stärker auf Emotionen aufgebaut«.

Außerdem hat sich die Geschwindigkeit, mit der sich Nachrichten verbreiten, enorm erhöht. »Der Journalismus ist in eine Beschleunigung getrieben worden und hat dadurch ein professionelles Schleudertrauma erlitten«, analysiert der Chefkorrespondent des *Deutschlandradios* Stephan Detjen zutreffend. Darauf muss sich die Branche des Journalismus einstellen: Indem man sich der veränderten Welt anpasst, quasi den Ton zum Film hinzugibt, dabei aber die eigenen Werte nicht verrät.

Es geht mir hier darum, ein Ideal zu beschreiben: Etwas, das wir anstreben, was aber in der Realität nicht immer eins zu eins so umgesetzt wird. Aus unterschiedlichen Gründen gibt es solche Tendenzen in jedem Berufsfeld, also auch im Journalismus. Es werden Kompromisse gemacht, im tagesaktuellen Stress passieren Fehler, in Einzelfällen werden Werte auch vorsätzlich verraten. Letzteres ist aber die absolute Ausnahme, auch wenn der Journalismus rein soziologisch betrachtet natürlich ein Beruf wie jeder andere ist: Selbst in Metiers wie der Polizei, die sich in besonderer Weise um die Einhaltung von Gesetzen und Regeln kümmert, gibt es sogenanntes »abweichendes Verhalten«. Einzelne Menschen entscheiden sich nun einmal, bewusst gegen Konventionen zu verstoßen, beispielsweise aus Habgier. Im Journalismus hat es solche Ausrutscher auch immer wieder gegeben. Es ist aber grundsätzlich nicht sinnvoll, anhand solcher Einzelfälle einen ganzen Berufsstand zu verurteilen. Dafür ist der Journalismus viel zu ernsthaft und viel zu wichtig für unsere demokratische Gesellschaft.

Der vor allem aus dem Fernsehen und durch seine Publikationen bekannte Arzt Eckart von Hirschhausen hat in Bezug auf Fast Food einmal formuliert, man müsse sich bei der Nahrungsaufnahme immer wieder fragen, »woraus man bestehen wolle«. In der Tat werden Lebensmitteln von unserem Körper verarbeitet, sodass sie wesentlichen Anteil daran haben, wie sich unsere Gesundheit entwickelt. Aber wie steht es um unsere geistige Gesundheit? Machen wir uns hinreichend bewusst, woraus wir da »bestehen wollen«? Was die Grundlagen unserer Gedanken sind, welche Informationen und Meinungen zu unserem Urteilen führen?

Journalismus ist dabei nicht nur Kulturgut, sondern zugleich ein Handwerk, das erlernt werden muss. Es gibt viele Wege, die in diesen Beruf führen, der formal nicht geschützt ist. Jede und jeder kann sich Journalistin oder Journalist nennen. Der Goldstandard ist zwar auch heute noch die Ausbildung im Volontariat, es ist aber nicht verpflichtend, um einen Job in einer Redaktion zu bekommen und auszufüllen. Auf eine professionelle Aus- und Weiterbildung wird aber in seriösen Medienunternehmen meist Wert gelegt – schließlich kommt es darauf an, eine gute Allgemeinbildung zu haben, recherchieren und formulieren zu können, Informationen in einen Kontext zu setzen. Und das unter ständigem Druck, denn die Arbeitsbelastung hat enorm zugenommen. Es ist ein ständiges Grundrauschen, das Journalistinnen und Journalisten in ihrem Alltag umgibt: Nachrichten werden gehört oder gesehen, das Internet ist mit den wichtigsten Webseiten stets geöffnet, die Agenturmeldungen und Pressemitteilungen werden genauso im Auge behalten wie soziale Netzwerke, Mails oder Telefonate. Hinzu kommen Konferenzen, Planungen und Bürokratie. Und dann müssen auch noch die Beiträge zur Veröffentlichung erstellt werden. Vorbei sind die Tage, als es in manchen Medienhäuser noch »Lesetage« gab, die allein dafür reserviert waren, sich auf dem Laufenden zu halten oder in ein Thema intensiver einzuarbeiten.

Häufig wird von den Unternehmensleitungen nur noch auf den »Output« fokussiert. Beiträge vom Schreibtisch aus zu fertigen, ist natürlich besonders preisgünstig. Gleichwohl droht dabei der direkte Kontakt zur Bürgerschaft und auch zu Funktionstragenden auf der Strecke zu bleiben. Das wiederum ist für die gesellschaftliche Akzeptanz von Journalismus problematisch. Das Gefühl, dass sich Reporterinnen und Reporter tatsächlich für die Meinung der verschiedenen Gruppen in der Gesellschaft interessieren, war bereits in der Vergangenheit stark beeinträchtigt worden. Thomas

Krüger, Präsident der Bundeszentrale für Politische Bildung, spricht davon, dass es beim Nachrichtenmagazin *Der Spiegel* lange Zeit eine »organisierte Leserverachtung« gegeben habe. Längst haben Medienschaffende erkannt, dass sie auf ihr Publikum zugehen müssen. Dafür müssen sie aber auch die Ressourcen haben, vor allem also Zeit. Aber selbst wenn die Redaktionen ihre Mitarbeitenden auf Vor-Ort-Termine schicken, sind diese oft so belastet, dass Gespräche kaum noch möglich sind. Es muss selbst gefilmt oder fotografiert werden, noch während des Termins sollen erste Informationen online gestellt werden.

Immer mehr Medienschaffende arbeiten dabei freiberuflich und werden zuweilen äußerst schlecht bezahlt, weshalb Fachleute bereits von der Gefahr einer »zunehmenden Prekarisierung im Journalismus« sprechen. Viele hier Arbeitende sind auf Nebenjobs angewiesen. Fotografierende geben beispielsweise Bildbände heraus oder liefern Symbolbilder für Agenturen. Etliche nehmen aber auch – oft besser bezahlte – Aufträge aus dem Bereich der Public Relations an.

Zunehmend drängt sich für den Journalismus aber auch ein Aspekt in den Vordergrund, der das Mediengeschäft grundlegend verändert: das System der Plattformen im Internet. Begonnen hat das mit Suchmaschinen, die für immer mehr Menschen und auch für immer mehr aktuelle Themen das »Fenster zur Welt« sind. Absolut dominant ist Google – nicht umsonst sagt man umgangssprachlich, wenn man etwas nachschlagen möchte, dass man es »googeln« wolle. Die Tätigkeit hat damit ein eigenes Verb bekommen, das es sogar schon in den Duden geschafft hat. Mit Google News wurde ein Instrument geschaffen, das auch professionelle Medieninhalte in besonderer Weise sichtbar macht.

Gleichwohl ist es für manche Angebote und Unternehmen schwierig, in die Liste der dort abgebildeten Medien überhaupt aufgenommen zu werden. Darüber hinaus gibt es immer wieder Auseinandersetzungen darüber, in welchem Umfang Google in seiner Vorschau die Ergebnisse von den verlinkten Webseiten schon anzeigen darf. Schließlich leben die Anbieter vom »Traffic« auf ihrer eigenen Seite und nicht von dem über die allmächtige Suchmaschine.

Die Technische Hochschule Köln hat in einer aufwendigen Studie über die Bundestagswahlkämpfe 2017 und 2021 den Einfluss von Suchmaschinen auf die politische Meinungsbildung untersucht. Dabei stellten sie eine systematisch verzerrte Darstellung von Informationen, in der Fachsprache »Bias« genannt, fest. In einer Mitteilung zur Studie heißt es, dass in den Vorschlägen der Suchmaschinen männliche und ältere Politikerinnen und Politiker »tendenziell eher mit politischer Kompetenz assoziiert« würden als jüngere und weibliche. Das könne Vorurteile befördern.

Neben den Suchmaschinen gibt es natürlich die inzwischen allgegenwärtigen sozialen Netzwerke. Sie verstehen sich ausdrücklich nicht selbst als Anbieter von Inhalten, sondern bloß als technische Plattformen zur Verteilung fremder Inhalte. Das ist auch der Grund, weshalb viele Regeln für Medienunternehmen für sie nicht gelten und weshalb es keine traditionelle Regulierung für sie gibt. Zunehmend treten auch neue Player im Wettbewerb um Aufmerksamkeit und Vermittlung von Journalismus auf: Messengerdienste wie WhatsApp beispielsweise, aber auch Sprachassistenten wie Alexa, Amazon Echo oder Google Home.

Umso wichtiger ist es für Medienunternehmen, sich Gedanken zu machen, wie sie auch über diese vielfältigen Wege ihr Publikum erreichen. Schließlich nutzen viele Bürgerinnen und Bürger die digitalen Möglichkeiten, um an Nachrichten und Einordnungen zu kommen und wenden sich nicht mehr automatisch und direkt den Angeboten der Redaktionen zu. In der digitalen Welt gefunden zu werden, ist für den Journalismus also lebenswichtig. Umso besorgniserregender sind Entwicklungen, die genau das in Frage stellen.

»Die Auffindbarkeit wird zur zentralen Währung«, analysierten die deutschen Medienanstalten beispielsweise in einer gemeinsamen Untersuchung am Beispiel von Bewegtbildinhalten. Im Mittelpunkt ihrer Betrachtungen steht der Begriff des »Public Value«, der für Inhalte steht, die eine besondere Bedeutung für die Öffentlichkeit haben, also Informationen und Orientierungswissen vermitteln. In ihrer Befragung haben die Medienanstalten herausgefunden, dass nur ein Viertel der Bevölkerung weiß, dass es gesetzliche Vorgaben für die Auffindbarkeit von »Public Value«-Angeboten auf modernen (Smart-)Fernsehern gibt. Die Regelungen stammen aus der Zeit, in der es nur eine überschaubare Anzahl an Sende- und somit Empfangskanälen für Bewegtbilder gab. In der digitalen Welt ist es für die Betreiber weiterhin Pflicht, diese Programme zu verbreiten und sie auch in besonderer Weise verfügbar zu machen – also auf den vorderen Programmplätzen. In ihrer Befragung stellten die Fachleute für die Medienanstalten darüber hinaus fest, dass eine überwiegende Mehrheit der Deutschen regelmäßig Videoinhalte im Internet nutzt. Zunehmend sei das auch bei älteren Nutzerinnen und Nutzern der Fall. Jüngere setzten unterdessen vor allem auf YouTube, TikTok und Instagram.

Dass sich dort ganze Bevölkerungsgruppen in Filterblasen zurückziehen, ist längst eine überholte Annahme. Natürlich gibt es solche Phänomene, sie sind empirisch aber vergleichsweise selten. Grundsätzlich ist das Internet und sind auch die Plattformen weit geöffnete Tore zur Welt. Die neuen Gatekeeper – ein Begriff, der bisher dem Journalismus zugeordnet wurde – sind jedoch die großen Tech-Unternehmen. Sie organisieren mit ihren undurchschaubaren Algorithmen quasi reale Filterblasen auf der Grundlage ihrer ureigensten wirtschaftlichen Interessen.

Das kann für den Kultur- und Medienbetrieb und auch für die Konsumentinnen und Konsumenten durchaus vorteilhaft sein. Beispielsweise wenn bei TikTok der Trend zur Vorstellung von Büchern dazu führt, dass der Verkauf und das Lesen dieser analogen Medien auch bei jungen Menschen tüchtig angekurbelt wird. Es kann auch dazu führen, dass etablierte Medienunternehmen auf derselben Plattform ihre spannendsten Beiträge zielgruppengerecht aufbereiten und so auf ihre jeweilige Marke positiv aufmerksam machen. Für das Social Media-Team der Berliner Zeitung *Tagesspiegel* schwärmte dessen Leiter Morten Wenzik im Fachdienst *turi2.de* deshalb von einem neuen »Memes-Journalismus«, der Lust auf Inhalte mache. Memes sind meist lustige Bilder oder Animationen, die im Internet fleißig geteilt werden und so eine große Aufmerksamkeit erreichen. Zugleich wies Wenzik darauf hin, dass sich Journalistinnen und Journalisten verstärkt damit auseinandersetzen müssten, wie ihre Produkte auf den Plattformen vermarktet werden können. Der »Link in Bio« – also ein Verweis auf die Originalquelle einer Geschichte auf der eigenen Webseite – sei geeignet, »um Social Media-Nutzende zu Abonnierenden unseres Abo-Modells auf tagesspiegel.de zu machen«.

Weil sich die Nutzungsgewohnheiten auch beim Konsum von Journalismus immer weiter in Richtung Internet verschieben, wird zurecht von einem »Plattformzeitalter« gesprochen. Dem können und wollen sich die Medienunternehmen nicht verschließen. Es gibt aber auch erhebliche Risiken. Die Bayerische Landeszentrale für neue Medien hat deshalb ein Forschungsprojekt zur Messung von Meinungsmacht und Vielfalt im Internet ins Leben gerufen. Darin kommt sie zu dem Schluss, dass bei der Regulierung der Plattformen dringender Handlungsbedarf herrsche. Auch müsse über das Medienkonzentrationsrecht gesprochen werden.

Warum aber sehen die Fachleute die Gefahr, dass die Plattformen sich auch negativ auf den Journalismus auswirken könnten? Es sind die Eigeninteressen der Digitalgiganten, die die Angebote betreiben. Facebook sticht beispielsweise mit zuweilen verhaltensoriginellen Regeln und ihrer Anwendung hervor. Dass die explizite Darstellung von sexuellen Szenen nicht erlaubt ist, lässt sich durchaus nachvollziehen. Dass aber auch andere (vermeintlich) erotische Bildnisse zur Löschung oder gar zur Sperrung eines Accounts führen können, ist eine permanente Gefahr für unabhängige Berichterstattung. Alleine das Zeigen eines Kunstgemäldes kann da schon zum Verstoß werden, wie der frühere Intendant des *Bayerischen Rundfunks* Ulrich Wilhelm 2018 in seiner Funktion als *ARD*-Vorsitzender bei *epd medien* beschrieb: »Algorithmen wurzeln stets im Politischen und Kulturellen. Der Chef von Facebook sieht beispielsweise Nacktheit als etwas Schlimmeres als die Leugnung des Holocaust.«

Die Redaktion des Onlinemagazins *jetzt* der *SZ* hatte ähnliche Erfahrungen machen müssen: In einem Beitrag hatte man sich über das neue Unternehmenslogo von Facebook lustig gemacht, kurz darauf wurde dies von dem Unternehmen als »Clickbaiting« kategorisiert. Die Folge: Einige Zeit lang wurde die Reichweite der *jetzt*-Seite verringert. Immer wieder gibt es solche Irritationen über Entscheidungen des Konzerns, die kaum angreifbar sind. Ein bei dem zur Ströer-Gruppe gehörenden Portal *t-online.de* veröffentlichtes Interview, in dem sich der Kölner Musiker Markus Rheinhardt vor dem Hintergrund einer politischen Debatte selbst als »stolzen Zigeuner« bezeichnete, führte beispielsweise ebenfalls zu einer Sanktion von Facebook.

Neben solchen Eingriffen in die Presse- und Meinungsfreiheit gibt es die Unwägbarkeiten der strategischen Programmierung der Algorithmen, die Medienschaffenden Kopfschmerzen bereiten. Ohne große Ankündigung und schon gar nicht transparent werden die computerbasierten Regeln, was der einzelnen Nutzerin oder dem einzelnen Nutzer überhaupt auf der Hauptseite angezeigt wird, willkürlich verändert. Wenn in der Folge die Zugriffszahlen dramatisch einbrechen, kann das für Medienunternehmen, die besonders auf dieses soziale Netzwerk setzen, existenzbedrohend sein. Das ist natürlich nicht nur beim Meta-Konzern, der Facebook betreibt, der Fall. Auch bei anderen Plattformen gibt es manchmal ziemlich überraschende Herausforderungen.

So hat eine Veränderung des Algorithmus beim Netzwerk LinkedIn 2019 bewirkt, dass Beiträge häufiger angezeigt werden sollten, bei denen es Interaktion gibt. Wird ein Post also nicht kommentiert oder geteilt, sondern bloß aufmerksam von vielen gelesen, soll er seltener sichtbar sein. Noch dramatischer, aber auch amüsanter ist die Schilderung von René Rosch, der einst für das Onlinemagazin *Vice* in Deutschland arbeitete. Man sei bei der Verbreitung der eigenen Beiträge auf die sozialen Netzwerke angewiesen gewesen, erzählte er im Interview mit dem Medienfachdienst *turi2.de*. Bei jeder Anpassung der Algorithmen von Facebook habe ein Absturz der Reichweiten gedroht. Der provokante Stil von *Vice* sei dabei stets ein besonderes Risiko gewesen, so Rosch: »Konnte man Mitte der 2010er Jahre mit einem Erfahrungsbericht von schwulen Sex-Partys noch zahlreiche Nutzer erreichen, sah Facebook das bald nicht mehr mit prüden amerikanischen Ethikvorstellungen vereinbar. Schlimmer noch: sichtbare Nippel oder auch nur angedeutete Sexualität. *Vice* wurde zur Punk-Party mit einem Pfarrer als Türsteher. So wild es drinnen auch zuging, kaum jemand fand mehr den Weg durch die harte Facebook-Tür.«

Unterdessen irrlichtert Elon Musk bei seiner Plattform X (vormals Twitter) ziemlich herum, wenn er sich einerseits als absoluten Vertreter der Meinungsfreiheit präsentiert, andererseits aber äußerst gereizt reagieren kann, wenn ihm eine Meinung ganz persönlich nicht passt. Besonders perfide fiel das auf, als er eine Talkshow auf X mit dem ehemaligen *CNN*-Moderator Don Lemon plante. Ein Interview mit Elon Musk war offenbar schon aufgezeichnet worden, ihm gefielen aber die Fragen nicht. Deshalb wurde das Projekt gestoppt, bevor der erste Beitrag überhaupt veröffentlicht worden war. Der Sender *Tele 5* wiederum beschwerte sich schon 2018 massiv über die Videoplattform YouTube und kündigte an, diese nicht mehr für eigene Zwecke nutzen zu wollen. »Konkreter Anlass ist eine Verwarnung wegen eines Trailers, in dem für zwei Sekunden eine nackte, weibliche Brust zu sehen war«, erklärte der damalige Senderchef Kai

Blasberg im Interview mit dem Medienfachdienst *meedia. de*. Zugleich forderte Blasberg eine bessere Regulierung von YouTube. Einige Zeit später kehrte *Tele 5* jedoch zu dem Anbieter zurück – auf die Reichweite des Dienstes wollte der Sender dann wohl doch nicht verzichten.

Bei der Nutzung der Angebote der Digitalgiganten können aber nicht nur Medienunternehmen, sondern auch einzelne Nutzerinnen und Nutzer schnell in Schwierigkeiten geraten. Wer sich etwa darauf verlassen hat, auch mit einem werbefinanzierten Abonnement von Amazon Prime Filme in guter Qualität schauen zu können, wurde überraschend eines Besseren belehrt: Von jetzt auf gleich wurde die Ausstrahlung für diesen Kundenkreis auf eine niedrigere Auflösung in Bild und Ton umgestellt. Nur noch diejenigen, die für ihr Abo bezahlten, sollten die bessere Qualität bekommen. Noch unangenehmer dürfte das sein, was einem Ehepaar in den USA passiert ist: Der Sprachassistent Alexa hatte ein Gespräch zwischen den beiden aufgezeichnet, berichtete *t-online.de*. Eine Aufnahme mit der Stimme der Frau sei dann »ohne ihr Wissen an einen Mitarbeiter ihres Mannes geschickt worden«.

Willkür der Digitalgiganten kann jede und jeden treffen. So kündigte Microsoft 2019 überraschend an, den Verkauf von E-Books in seinem »Microsoft Store« zu beenden. Gleichzeitig wurden die bereits erworbenen Digitalbücher von den Geräten der Kundinnen und Kunden einfach gelöscht – immerhin sollte der Kaufpreis erstattet werden. Ähnliches war zehn Jahre zuvor bereits bei Amazon passiert. Userinnen und User mussten plötzlich feststellen, dass gekaufte Bücher nicht nur auf eigene Lesegeräte hochgeladen, sondern auch vom Onlineversandhaus ohne Ankündigung wieder gelöscht werden können. Wegen Streitigkeiten über die entsprechenden Rechte traf es ausgerechnet den Roman »1984« von George Orwell, der ein düsteres Zukunftsbild von allgegenwärtiger Überwachung zeichnete.

Da ist es nur folgerichtig, dass die US-amerikanische Ökonomin Shoshana Zuboff im Gespräch mit *Der Spiegel* von einem »Überwachungskapitalismus« der Plattformen warnte. Der Rohstoff dieser mutierten Form des Kapitalismus seien die »Daten, die aus der Überwachung von menschlichem Verhalten gewonnen werden«. Das seien »subtile Formen der Gewalt«, wenn beispielsweise Alltagsleben, Persönlichkeit und Emotionen digital durchleuchtet werden, um mit den so erhobenen und aufbereiteten Daten Geld zu verdienen.

Wie aber umgehen mit den Plattformen, die sich als reine Verteiler fremder Einträge gerieren und so nahezu aus jeglicher Verantwortung ziehen wollen? Politischer Druck hat bereits dazu geführt, dass immerhin die schlimmsten Ausreißer aus den Angeboten entfernt werden. Da das aber mit zuweilen übersichtlichen Ressourcen geschieht, gibt es immer wieder auch das Phänomen des »Overblocking« – es werden also Inhalte entfernt, die eigentlich völlig legitim sind. Andererseits bleiben drastische Darstellungen ohne Beanstandung online.

Seit Jahren wird politisch auch in Deutschland darüber diskutiert, wie man die Plattformen zu tatsächlich sozialen Medien machen könnte. An Vorschlägen mangelt es nicht. Der frühere Vorsitzende der CDU/CSU-Fraktion im Deutschen Bundestag Ralph Brinkhaus forderte zum Beispiel, dass Nachrichten von den Anbietern aufgespürt und gekennzeichnet werden müssten, die von Bots erstellt worden sind. Konstantin von Notz (Grüne) pflichtete dem bei und sprach in diesem Zusammenhang von einem »Informationskrieg«. Das war wohl gemerkt schon im Jahr 2018. Die FDP allerdings war gegen eine solche Kennzeichnung, weil damit in die Rechte privater Unternehmen eingegriffen werde. Und auch der Branchenverband Bitkom und der Digitalfachleute im SPD-nahen Verein »D64« lehnten den Vorstoß ab. Letztere begründeten das in der *Frankfurter Allgemeinen Zeitung (FAZ)* mit der Aussage, dass überhaupt nicht belegt sei, »ob Social Bots tatsächlich die öffentliche Meinung beeinflussen«.

Heute, einige Jahre nach dieser Debatte, wissen wir, dass es durchaus erhebliche Gefahren durch »Nachrichten« gibt, die durch Bots erstellt oder verteilt werden. Sie drohen, den Journalismus und letztlich auch eine aufrichtige öffentliche Debatte auszubremsen, indem sie Verunsicherung schüren. Wenn es nicht bald konkretere Regeln für diese und andere Manipulationen gibt, die aus unstillbarem Gewinnstreben von den Plattformen allzu oft geduldet werden, könnten sie eine virtuelle Deadline für den Journalismus befördern.

Und überhaupt: Wenn wir unsere Kommunikation und Information komplett den Maschinen anvertrauen und gar nicht mehr die Möglichkeit haben, analoge Medien auf Papier zu konsumieren, kann das schnell in eine Sackgasse führen. Da kann schon ein Stromausfall für dramatische Szenen sorgen. Er braucht ja nicht gleich durch einen Terrorangriff oder eine Klimakatastrophe ausgelöst werden, es gibt auch viel profanere Gefahren: Ratten. Die kleinen Nager hatten in Estland einst ein Erdkabel angeknabbert, das als wichtige Datenleitung fungierte. In der Folge waren die Onlinebürgerdienste des Landes mehrere Stunden lang nicht erreichbar.

Auch abseits solcher grundlegender Herausforderungen gibt es für Medienunternehmen zunehmende Schwierigkeiten, ihr Geschäftsmodell zu betreiben. Die französische Medienwissenschaftlerin Julia Cagé hat das Dilemma mit einem Vergleich zur Autoindustrie einleuchtend auf den Punkt gebracht. In die Entwicklung eines neuen Fahrzeugmodells werden große Summen investiert. Anschließend kann eine ganze Zeit lang Geld verdient werden mit der bloßen Herstellung der Autos nach dem einmal gefundenen Modell. Bei einem journalistischen Produkt sei das anders, so Cagé: »Ganz gleich, wie viele Exemplare verkauft werden, die zur Herstellung einer Zeitung erforderliche Zahl von Journalisten bleibt mehr oder weniger die gleiche.«

Für die Rahmenbedingungen eines funktionierenden Journalismus sind aber nicht allein die Unternehmen zuständig, sondern auch die Medienpolitik. Demokratie und die damit verbundene Pressefreiheit als Grundrecht sind nicht einfach nur da, sie müssen jeden Tag verteidigt werden. Für die Generationen, die keine Diktatur und keinen Krieg auf deutschem Boden erlebt haben, klingt das eigentümlich. Viele Menschen in unserem Land sind groß geworden in einer Zeit, in der ein hohes Maß an Freiheit selbstverständlich war – auch wenn es in der jungen Bundesrepublik durchaus immer wieder Angriffe auf die Pressefreiheit gab. Man denke nur an die »Spiegel-Affäre« in den 1960er-Jahren mit ihren Razzien in Redaktionsräumen und Festnahmen von Medienschaffenden. So sollten diejenigen eingeschüchtert werden, die unabhängig und kritisch berichteten. Bundeskanzler Konrad Adenauer (CDU) beschimpfte sogar öffentlich die Unternehmen, die weiterhin in *Der Spiegel* inserierten und ihn damit finanziell unterstützen würden. Die damaligen Vorkommnisse blieben im kollektiven Gedächtnis stets als Mahnung, dass sich so etwas nicht wiederholen dürfe. Und doch gibt es immer wieder Gelüste bei politisch oder wirtschaftlich Mächtigen, die Presse in die Schranken zu weisen. Gerichte schieben dem aber regelmäßig einen Riegel vor.

Betrachtet man die Situation einmal ganz nüchtern, ist es durchaus nachvollziehbar, dass eine gelenkte Medienlandschaft für Herrschende bequemer ist. Man muss nichts erklären, was man nicht erklären will, muss sich nicht rechtfertigen und kann mithilfe von Zensur einfach die Veröffentlichung von allem verbieten, was einem nicht in den Kram passt. Aus früheren Zeiten ist überliefert, dass es in den Redaktionen stets einen »Sitzredakteur« gab. Dabei ging es nicht etwa darum, dass dieser im Büro sitzend seine Arbeit zu verrichten hatte. Es handelte sich vielmehr um jemanden, der keine besondere Funktion hatte oder kurz vor dem Ruhestand stand und dessen Aufgabe es war, als Verantwortlicher »herzuhalten«, wenn es unberechtigte rechtliche beziehungsweise staatliche Eingriffe gab. Notfalls musste er eben stellvertretend für das Team »sitzen«, also ins Gefängnis gehen ...

Wie schnell eine solche Situation entstehen kann, war in den beiden Diktaturen Deutschlands zu erleben. Ute Daniel hat das eindrucksvoll beschrieben. So seien in der Zeit des Nationalsozialismus »politisch links stehende und ›nichtarische‹ Journalisten entlassen, verfolgt und vertrieben worden«. Die in den Redaktionen Verbliebenen hätten sich einerseits nach den Anweisungen an die Presse richten müssen, hätten sich andererseits aber auch »ohne jede Vorzensur« den neuen Machtverhältnissen angepasst, weil sie den Erhalt exklusiver Informationen von den Herrschenden oder berufliche Aufstiegschancen nicht gefährden wollten. In der Deutschen Demokratischen Republik (DDR) waren die Medien ebenfalls vom Staat und von der Sozialistischen Einheitspartei (SED) gelenkt, und es gab nahezu keine wirklich massenwirksame kritische Berichterstattung.

Alles lange her? So etwas kann bei uns nicht passieren? Wollen wir es hoffen. Hoffnung alleine reicht aber nicht aus. Wenn es um die Zukunft des Journalismus geht, hängt das auch immer eng mit der Zukunft unserer Staatsform und -organisation zusammen. Ohne Demokratie kein freier Journalismus! Wie schnell diese Freiheit geschliffen werden kann, war in unseren Nachbarländern in den letzten Jahren zu beobachten. In Polen oder Ungarn gab es entsprechende Vorstöße, in der Slowakei wurde der öffentlich-rechtliche Rundfunk abgeschafft und unter strenger Kontrolle der Politik neu aufgebaut. Auch in Frankreich wurden entsprechende Pläne bekannt.

Und wenn man sich die Träume so mancher Antidemokraten in der heutigen Bundesrepublik anschaut, scheinen Repressionen gegenüber der Presse auch nicht so unrealistisch zu sein. Selbst in zutiefst demokratischen Parteien verspürt man zuweilen eine Sehnsucht nach einer weniger kritischen Öffentlichkeit, die nicht mehr von Journalistinnen und Journalisten informiert wird, sondern am besten von den Parteien selbst, am liebsten ungefiltert und ohne Widerspruch. Der CDU-Bundesvorsitzende Friedrich Merz hat – bevor er dieses Amt übernahm – einmal gesagt, man brauche die Medien nicht mehr und könne über soziale Netzwerke die Bevölkerung viel besser direkt adressieren. Es entflammte darüber ein öffentlicher Streit, der sogar in einer Sonderausstellung des »Hauses der Geschichte« dokumentiert wurde.

Dabei ist es gerade die Politik, die Rahmenbedingungen schaffen muss, damit sich unabhängige Medien auch in für sie wirtschaftlich schwierigen Zeiten retten und entwickeln können. Die Herausforderungen sind vielfältig. Einige davon werden in den folgenden Kapiteln behandelt, wenn es etwa um die Forderungen nach einer Zustellförderung für Zeitungen geht. Es gibt aber auch andere Weichenstellungen, die essenziell für den Fortbestand von Journalismus und Pressefreiheit sind. So sehen sich immer mehr Redaktionen und Medienschaffende sogenannten »Slapp«-Klagen ausgesetzt. Das sind willkürliche rechtliche Auseinandersetzungen, die von Personen oder Unternehmen vom Zaun gebrochen werden, obwohl sie genau wissen, dass gar kein Fehlverhalten vorliegt. Warum das Sinn macht? Weil es Medienschaffende von der Arbeit abhält, unter Umständen sogar von (weiterer) Berichterstattung abschreckt und vor allem weil es Geld kostet– in der Regel viel Geld. Die finanziell potenten Klägerinnen und Kläger wissen ganz genau, dass Medienunternehmen und die oft auch persönlich verklagten Journalistinnen und Journalisten genau dieses Geld nicht haben. Nils Klawitter wies in einem Artikel für *Der Spiegel* beispielsweise darauf hin, dass gegen die Journalistin Daphne Caruna Galizia, die auf Malta bei einem Attentat mit einer Autobombe getötet worden war, zum Zeitpunkt ihres Todes insgesamt 47 solcher missbräuchlicher Klagen anhängig waren. Und er berichtet von einer Einschätzung der Gewerkschaft ver.di, nach der Georg Friedrich Prinz von Preußen in mehr als 120 Fällen entsprechend gegen Medienschaffende und Forschende vorgegangen sei, weil sie sich kritisch mit dem Adelsgeschlecht der Hohenzollern auseinandergesetzt hatten. In Deutschland hat sich inzwischen ein breit aufgestelltes gesellschaftliches Bündnis unter dem Titel »No Slapp« gegründet – und sowohl die Europäische Union (EU) als auch Deutschland wollen diesen Missbrauch des Rechts inzwischen endlich eindämmen.

Eine weitere »Dauerbaustelle« der Medienpolitik ist das Urheberrecht. Es sorgt dafür, dass von Menschen geschaffene Werke wie Texte, Töne und Bilder nicht ohne weiteres von anderen verbreitet werden dürfen. Wenn man diese Produkte nutzen möchte, müssen die Urheberinnen und Urheber dafür bezahlt werden – schließlich leben sie von dieser kreativen Arbeit. Und wenn man ihre Produkte sogar noch weitervermarktet, sind sie angemessen am Erlös zu beteiligen. Soweit die Theorie. In der Praxis ist das gar nicht so einfach. Das hat man zuletzt beim erbitterten Streit um das Leistungsschutzrecht gesehen. Als eine entsprechende europäische Richtlinie verabschiedet werden sollte, gab es lauten, zugespitzten Protest. Oft war die Kritik mit der ultimativen Forderung verbunden, im Internet habe gefälligst alles kostenlos zu sein. Wer aber soll dann professionelle Inhalte erstellen? Im Detail kann man sicher an vielen Punkten über das Leistungsschutz- und Urheberrecht streiten. Grundsätzlich sollte aber klar sein, dass der Diebstahl geistigen Eigentums auch in der digitalen Welt kein Kavaliersdelikt ist. Auch »Total Buy Out«-Verträge, die Verlagen oder Sendern die Möglichkeit bieten, eine niedrige Einmalzahlung an die Urhebenden zu leisten und die Produkte dann vielfältig einträglich zu vermarkten, sind keine »angemessene Beteiligung« an den Gewinnen, wie sie das europäische Recht inzwischen fordert.

Bisher scheut sich die Medienpolitik auch davor, Journalismus im Steuerrecht als gemeinnützig anzuerkennen. Alle Initiativen, die es bisher gibt, retten sich mit Notkonstrukten, die konsequente Förderung von Veröffentlichungen oder gar die Organisation als gemeinnützige Vereine oder GmbHs ist nicht möglich. Dabei könnte es prinzipiell schnell politische Mehrheiten für so etwas geben. In Nordrhein-Westfalen hatte sich zunächst eine Landesregierung aus SPD und Grünen, dann eine aus CDU und FDP im Bundesrat dafür eingesetzt. Letztlich ist es um das Thema aber wieder sehr still geworden. In Zeiten, in denen Journalismus massiv unter Druck steht, wird aber auch über diesen finanzpolitischen Weg weiter nachzudenken sein. Es liegt auf der Hand, dass kommerzielle Medienunternehmen damit nur wenig anfangen können und entsprechenden Druck aufbauen. Trotzdem sollte die Debatte darüber weiter und intensiver geführt werden.

Berthold L. Flöper, der viele Jahr lang engagiert das Lokaljournalistenprogramm der Bundeszentrale für Politische Bildung geleitet hat, betonte noch kurz vor seinem Ruhestand gegenüber dem Medienfachdienst *kress.de*, wie wichtig es ist, entsprechende Lücken der Berichterstattung in den Regionen schnell zu füllen. Wenn Zeitungen nicht mehr finanzierbar seien, müsse über einen öffentlich-rechtlichen Journalismus nachgedacht werden, so Flöper, womöglich in Zusammenarbeit mit Organisationen wie dem Recherchenetzwerk *Correctiv*. Mehrere Vereinigungen und Institutionen haben sich längst zu einem »Forum Gemeinnütziger Journalismus« zusammengetan, um die publizistische Vielfalt zu erhalten. Und das Onlineportal *npj.news* hält Informationen über Fördermöglichkeiten für Nonprofit-Journalismus sowie eine Datenbank über unterstützende Organisationen bereit.

Ein weiteres Thema im Steuerrecht ist die Mehrwertoder Umsatzsteuer auf redaktionelle Produkte. Mit dem Aufkommen digitaler Angebote wie E-Paper oder Apps gab es lange Streit darüber, welcher Steuersatz dafür zu gelten hat. Die Europäische Union erlaubte es nicht, den reduzierten Umsatzsteuersatz von sieben Prozent anzuwenden, wie er sonst bei journalistischen Leistungen üblich ist, stattdessen musste mit 19 Prozent abgerechnet werden. Das machte die kostenpflichtigen Online-Veröffentlichungen zum Beispiel von Verlagen noch unattraktiver. Nachdem die EU das geändert hatte, schaffte der Bundestag hier im Jahr 2019 Klarheit und beschloss die Angleichung auf den niedrigen Satz. Aber der ist den Printverlagen noch zu hoch. Die Verbände sowohl der Zeitschriften- als auch der Zeitungsverleger und Digitalpublisher setzen sich dafür ein, dass auf Journalismus die Mehrwertsteuer weiter abgesenkt oder komplett gestrichen wird.

Ein aktuelles Beispiel für erbitterten Streit in der Medienpolitik ist die Zustellförderung für Presseprodukte. Spätestens die Anhebung des gesetzlichen Mindestlohns hatte dazu geführt, dass sich vor allem Zeitungsverlage massiv bei der Politik beschwerten. Die Zustellung der gedruckten Blätter lohne sich in manchen Gegenden überhaupt nicht mehr – ganz im Gegenteil, es sei ein Zuschussgeschäft. Ohnehin waren beispielsweise auch Energie und Papier deutlich teurer geworden, weshalb die umfassende Versorgung mit einer Tageszeitung in Gefahr geriet. Ein Gutachten der Firma WIK Consult für das Bundeswirtschaftsministerium war bereits im Herbst 2022 zu dem Schluss gekommen, dass vor allem ältere Menschen und solche auf dem Land gedruckte Zeitungen nutzen, um sich zu informieren. Klar und eindeutig formulierten die Fachleute: »Basierend auf der wirtschaftswissenschaftlichen Analyse erachtet das Gutachten eine Zustellförderung für gedruckte Presseerzeugnisse als wirtschaftlich sinnvoll.«

Politiker nahezu aller Parteien und Fraktionen sagten Unterstützung zu, es blieb aber stets bei bloßen Ankündigungen. Die Große Koalition aus CDU und SPD löste ihre entsprechenden Zusagen nicht ein, und auch die Ampelkoalition aus SPD, Grünen und FDP schiebt das Thema seit 2021 vor sich her. Im »Medien- und Kommunikationsbericht der Bundesregierung« von 2018 ist von der Idee eines Innovationsfonds für Medien die Rede, in der Fortschreibung des Berichts im Jahr 2021 wird eine entsprechende »Infrastruktur-Förderung« erwähnt. Immer wieder aber streiten sich die unterschiedlichen Ministerien, wer dafür überhaupt zuständig sei. Es hat den Anschein vom sprichwörtlichen Beamtenmikado: Wer sich zuerst bewegt, hat verloren. Im Ergebnis kippten sämtliche Vorschläge spätestens dann, wenn es um die Finanzierung ging. Dabei hatten auch andere Konzepte als die reine Förderung der Zustellung auf dem Tisch gelegen, beispielsweise zur finanziellen Unterstützung von journalistischen Innovationen.

Andere Länder dagegen betreiben eine viel offensivere Presseförderung, wenngleich diese im Detail durchaus kritisch gesehen werden kann. In Frankreich etwa werden dafür traditionell Millionen ausgegeben. Vielversprechender für eine Übernahme auch in Deutschland dürfte der Ansatz von Österreich sein, der Ende 2013 von der Europäischen Kommission ausdrücklich genehmigt wurde. 15 Millionen

Euro sollen dort in die Sicherung des Qualitätsjournalismus fließen, es wurden eine Reihe von Kriterien zum Beispiel zur Zahl der angestellten Journalistinnen und Journalisten sowie zu einem System des Fehlermanagements aufgestellt. Die EU-Entscheidung zeigt, dass es durchaus möglich ist, eine finanzielle Förderung für den Journalismus staatsfern und wettbewerbskonform auszuarbeiten.

Umso unverständlicher ist es, dass sich die deutsche Bundespolitik trotz aller Lippenbekenntnisse nicht auf ein Konzept einigen kann. Der eine Politiker oder die andere Politikerin mag womöglich insgeheim sogar Freude daran empfinden, wenn die Zahl der Redaktionen in Deutschland sinkt. Dann ist die Wahrscheinlichkeit auch geringer, dass kritisch über die eigene Person und Partei berichtet wird. In einer Demokratie ist aber nicht damit zu rechnen, dass eine Zeit der Nichtkommunikation anbrechen würde. Die Leerstellen würden durch soziale Netzwerke und unzuverlässige Portale ersetzt, die auch subjektiv empfunden für die politisch Tätigen unangenehmer sein dürften. Denn denen geht es meist nicht nur um professionell organisierte Kontrolle unter Abwägung von Fakten und Meinungen wie dem Journalismus, sondern oft genug bloß um die Verbreitung von Hass und Hetze. Wie gesagt, in ihren Lippenbekenntnissen sind sich darüber eigentlich auch alle Demokratinnen und Demokraten in den Parlamenten einig.

Wichtige Weichenstellungen kommen darüber hinaus von der Politik im Medienbereich zum Tragen, wenn es darum geht, eine allzu große Macht einzelner Medienhäuser zu begrenzen. Es soll vermieden werden, dass es Kartelle gibt. Zugleich birgt das aber auch die Gefahr, dass deutsche oder europäische Unternehmen keine tragfähigen Allianzen eingehen können, um den vor allem US-amerikanischen Internetgiganten etwas entgegensetzen zu dürfen.

Wir müssen aber auch die Frage stellen, ob Medienpolitik in unseren Parlamenten und Regierungen sowie in der Öffentlichkeit eine hinreichend wichtige Rolle spielt. Im Bundestag ist sie in einem Ausschuss zusammen mit der Kulturpolitik organisiert. Das sind zwar zwei durchaus miteinander verwandte Themen, im Detail ist aber für beide eine große Sachkenntnis nötig, die so manche Politikerin oder mancher Politiker sich nur schwerlich erarbeiten kann. Wer von der Kompetenz her in der Hochkultur zu Hause ist, kennt womöglich die Struktur journalistischer Unternehmungen weniger genau. Zuweilen gibt es da erschreckende Unkenntnisse, etwa über die grundlegenden Strukturen des Medienmarktes: Welche Sender zu welchen Sendergruppen gehören, welchen Umfang öffentlich-rechtliche Programme haben, wie die Entwicklung von Auflagen und Gewinnen bei Printmedien ist. Zuweilen merkt man das dann auch an der Qualität der politischen Forderungen, die aufgestellt werden.

Andere wiederum widmen sich intensiv den anstehenden Themen der Medienpolitik im zuständigen Bundestagsausschuss. Dann wiederum merken sie, dass ihr Bereich so etwas wie die »Goldene Ananas« der politischen Arena ist. Es gibt kaum jemanden, der sich bundesweit einen Namen gemacht hat mit Medienpolitik. Das ist kein Thema, mit dem man in der Öffentlichkeit Punkte gewinnen kann. Natürlich liegt das zu einem gewissen Teil auch daran, dass Medienpolitik in erster Linie Sache der Bundesländer ist. Aber auch da sind es meist nur Wenige, die sich für dieses hoch spezialisierte Thema interessieren. Die Folge ist ein weitgehendes Desinteresse in Parteien und Fraktionen, wenn es um

Strukturen und Prozesse des Journalismus geht und um die Frage, wie diese mittels politischer Entscheidungen unterstützt werden können.

Wenn es um den Journalismus geht, zählt zur Medienpolitik indirekt auch die Bildungspolitik. Dass Medienkompetenz immer wichtiger wird, betonen Vertreterinnen und Vertreter nahezu sämtlicher politischer Richtungen auch immer wieder gern und vehement. In der Realität bleibt aber noch viel zu tun. Schließlich ist das auch ein breit gefächertes Feld. Um Medienkompetenz beispielsweise in Schulen überhaupt vermitteln zu können, ist es in erster Linie notwendig, dass das Lehrpersonal davon Ahnung hat. Die Generation, für die mithilfe von Matrizen schmierig gedruckte Arbeitsblätter und Schiefertafeln mit Kreide Alltag waren und für die der Overheadprojektor die letzte technische Neuerung war, ist das nicht einfach. In manchen Schulen werden diese Arbeitsmittel aus Kostengründen immer noch eingesetzt. Natürlich gibt es auch äußerst engagierte Pädagoginnen und Pädagogen, die sich – manchmal auf eigene Faust – in Sachen Informations- und Medienkompetenz fortbilden, um den bestmöglichen modernen Unterricht zu bieten. Allzu häufig aber bleibt angesichts der Arbeitsbelastung und des Personalmangels an den Bildungseinrichtungen dafür zu wenig Zeit.

Selbst im aktuellen, klassischen Lehramtsstudium kommt das aber offenbar immer noch zu kurz. Auch fehlen flächendeckende und verpflichtende Fortbildungen für Lehrerinnen und Lehrer, die ihren Job in der komplett analogen Zeit angetreten haben. Erschreckend sind dann die Ergebnisse von Befragungen wie von einer für die Stiftervereinigung der Presse aus dem Jahr 2017. Die Forschenden haben Lehramtsstudenten untersucht und festgestellt, dass nur ein Drittel von ihnen wusste, dass Journalistinnen und Journalisten in Deutschland keine Lizenz brauchen. Die *SZ* berichtete über die Studie auch: »Mehr als vier von zehn Befragten nahmen an, Presseberichte über Bundesministerien müssten vor Veröffentlichung von diesen abgenommen werden.« Einige Jahre später hat der Presse-Stifterverband erneut eine Umfrage in Auftrag gegeben. Das Allensbach-Institut befragte 500 Lehrerinnen und Lehrer, die die Fächer Deutsch und Sozialkunde unterrichten. Gerade sie müssten also prädestiniert dafür sein, sich mit professionellen Medien auszukennen und das an ihre Schülerinnen und Schüler zu vermitteln. Die Resultate der Studie waren allerdings auch hier mehr als befremdlich. »Nur 60 Prozent waren sich sicher, dass es Aufgabe der Medien ist, ›die Mächtigen kritisch zu beobachten und zu kontrollieren‹«, schrieb der freie Autor und Kolumnist Peter Weissenburger im Jahr 2020 in der Berliner *tageszeitung* (*taz*) über die Befragung: »Derweil gaben 40 Prozent an, Medien seien dafür da, ›die Bevölkerung für bestimmte Anliegen zu mobilisieren‹. 10 Prozent sagten, dass Medien ›die Meinungsbildung im Sinne der Regierung lenken‹ sollen, 6 Prozent, dass Medien Nachrichten ›zurückhalten sollen, wenn die Gefahr besteht, dass die öffentliche Meinung negativ beeinflusst wird‹.« Außerdem hätten 19 Prozent der Pädagoginnen und Pädagogen der Aussage zugestimmt, dass viele wichtige Nachrichten in den »normalen Medien« verschwiegen würden und »nur in sozialen Netzwerken, Foren oder Blogs« gefunden werden könnten.

Und doch ist Journalismus für den allergrößten Teil der Bevölkerung mehr oder weniger bewusst eine enorm wichtige Quelle zur Teilhabe am demokratischen Prozess. Journalismus spielt in unser aller Leben eine wichtige Rolle, selbst wenn wir uns manchmal über ihn ärgern, selbst wenn wir versuchen, ihm aus dem Weg zu gehen. Journalismus bringt für uns Ordnung in die Betrachtung der Welt. Er ist ein Anker der Zuverlässigkeit, wenn er professionell gemacht ist. Umso dramatischer ist es, wenn Menschen diese Produkte nicht mehr ernst nehmen. So ist das Vertrauen in Journalismus seit einigen Jahren im Sinkflug und gibt somit immer wieder Grund zur Sorge. 2018 stellten die Fachleute des »Edelman Trust Barometers« erstmals fest, dass Medien bei einer weltweiten Befragung die Institution waren, der am wenigsten vertraut wird. Zugleich sagten mehr als 60 Prozent, dass sie falsche Informationen nicht von seriösem Journalismus unterscheiden können. In der Folge würden allein in Deutschland gut zwei Drittel der für die Studie Befragten Nachrichten vermeiden und diese nur noch höchstens einmal pro Woche überhaupt zur Kenntnis nehmen.

Es sind zwei grundsätzlich widerstrebende Interessen, die da bei uns als (potenzielle) Nutzerinnen und Nutzer zusammenkommen. Einerseits haben wir großes Interesse an schlechten Nachrichten, andererseits wollen wir auch einmal etwas Positives hören und nicht ständig nur mit Negativem konfrontiert werden. Letzteres erklärt sich von selbst, schließlich ist es nicht gut, sich permanent in einer subjektiven Dauerkrise zu bewegen. Das würde mit ziemlicher Sicherheit Depressionen auslösen. Positives ist also wichtig. Warum aber sind Nachrichten dann so durchweg negativ geprägt?

Weil es interessanter ist. »Bad news are good news« lautet ein in der Branche viel zitierter Spruch. Neuigkeiten sind dann für uns besonders spannend, wenn sie überraschend sind – überraschend schlecht. Wer das nicht glaubt, sollte einmal bei einem der nächsten Familientreffen genau darauf achten, welche Themen länger und intensiver besprochen werden, an welche man sich auch danach noch beharrlich erinnert. Wird beispielsweise erzählt, dass der Neffe mit sehr guten Noten sein Abitur gemacht hat, wird das mit Sicherheit anerkennend und erfreut zur Kenntnis genommen. Ja, es wird auch kurz darüber gesprochen. Platzt dann aber die Nachricht in die Verwandtschaftsrunde, dass eine Tante dabei erwischt wurde, wie sie im Supermarkt etwas gestohlen hat, mit Polizei, Anzeige und allem Drum und Dran als Folge, wird das definitiv das Thema sein, das nachhaltiger besprochen wird. Unsere Aufmerksamkeit wird von solchen überraschend negativen Nachrichten förmlich aufgesogen.

Auch dafür haben Fachleute eine nachvollziehbare Erklärung. Der schwedische Forscher Ola Rosling attestierte uns Menschen im Interview mit *Der Spiegel* eine »instinktive Neigung zum Dramatisieren«. Er konnte auch erklären, woher dieser Instinkt rührt. Rosling hält ihn für eine Folge der Evolution: »Ständig in Sorge zu sein, dürfte für unsere Urahnen ein Überlebensvorteil gewesen sein. Leider sind wir, wenn es um unser Weltbild geht, noch heute fixiert aufs Negative, wir verlangen geradezu danach.«

Früher war die Welt der Information und des ernsthaften Diskurses klar von der Welt getrennt, in der es um die Verbreitung von Nonsens ging. Zu beobachten war das beispielsweise in Deutschlands Kneipen: Stammtische zogen sich oft in Hinterzimmer zurück. Zwischen dunklen Rauchschwaden und reichlich Alkoholgenuss wurden auch da heftige emotionale Sprüche geklopft. Derart separiert, blieben die »Stammtischbrüder« (es waren in der Tat meist Männer) unter sich. Das übrige Publikum nahm das allenfalls aus der Distanz naserümpfend zur Kenntnis. Das hat sich nun aber mit den sozialen Netzwerken drastisch verändert. Was als Idee der umfassenden Meinungsfreiheit begonnen hatte, ist zum digitalen Stammtisch geworden. Die Nonsens-Rufer haben aber quasi ihre Hinterzimmer verlassen und sind quer durch den Kneipenvorraum mitten auf den Marktplatz gerannt. Dort haben sie den Lautsprecher aktiviert, um aggressiv persönlichste Ansichten unter die Leute zu bringen: Je mehr zuhören, umso besser. Das Mehrheitspublikum schaut belustigt zu, wendet sich zugleich aber auch ab, indem es sich der aktiven Teilnahme an dieser Art des Diskurses verweigert.

Es würde ja auch keinen Sinn ergeben. Wer schreiend seine Positionen hinausposaunt, ist nicht am Austausch von Meinungen oder gar Fakten interessiert. Der »harte Kern«, derer, die die öffentliche Stimmung so anheizen wollen, wird sich nicht überzeugen lassen. »Ein Gespräch mit Leuten, die hermetisch abgeschlossene Positionen vertreten und Gegenargumente nicht zulassen wollen und Differenzierungen nicht zulassen wollen, ein solches Gespräch ist gar kein Gespräch, es ist eine Simulation davon«, hat Volker Zastrow von der *Frankfurter Allgemeinen Sonntagszeitung* (*FAS*) einst im *Deutschlandfunk* dazu gesagt.

Gleichwohl muss man sich bewusst machen, dass es neben dieser kleinen Gruppe eine viel größere gibt, die zwar »Likes« verteilt, Beifall klatscht und im Zweifel jubelt, letztlich aber noch für Argumente offen ist. Nicht alle, die gerade in Krisenzeiten mit Politik und Regierung unzufrieden sind, driften bereits unwiederbringlich ab in unsoziales Verhalten. Bei ihnen sollte die Hoffnung niemals aufgegeben werden, sie zurück in einen ernsthaften Diskurs zu holen. Journalismus steht da als eines von mehreren gesellschaftlichen Teilsystemen vor einer großen Herausforderung. Schon in der Bibel wird erwähnt, dass es eine gewisse Neigung gibt, mit Überbringern schlechter Nachrichten nicht so freundlich umzugehen – sie wurden geköpft. Insofern ist das Verhalten, sich auch an Medienschaffenden abzuarbeiten, weil die eigene Meinung von denen nicht absolut gesetzt wird, erst einmal erklärbar. Es wird darauf ankommen, aufeinander zuzugehen und zurückzufinden zu einem gemeinsamen Kommunikationshaushalt auf der Grundlage von Fakten. Der »Zukunftsforscher« Matthias Horx hat dafür im Interview mit dem Magazin *Der österreichische Journalist* einen schönen Vergleich gezogen: »Vor fünf, sechs Jahren ist noch in jeder größeren Versammlung alle drei Sekunden ein Handy losgegangen. Das ist heute anders. Es gibt also durchaus kulturelle Lernprozesse.«

Jede und jeder hat inzwischen die Möglichkeit, Veröffentlichungen zu generieren, die wie Journalismus aussehen. Wer früher selbstständig Informationen in die Öffentlichkeit tragen wollte, konnte natürlich Flugblätter oder Schriften erstellen. Die sahen dann aber auch so aus – also nicht professionell, weil die Erstellung von Druckwerken mangels heutiger Computersoftware den Profis vorbehalten war. Ob Schülerzeitung, Pfarrbrief oder Parteiinformation: Alles sah so aus, dass es kaum die Gefahr gab, das mit der Tageszeitung oder dem Nachrichtenmagazin zu verwechseln. Das ist längst anders. Mit ein paar Klicks im Internet und ohne großartige Layout-Kenntnisse können Web-Auftritte generiert werden, die denen professioneller

Redaktionen vom Aussehen her in nichts nachstehen. Man muss schon genau hinsehen, um festzustellen, wer der tatsächliche Absender der dort präsentierten Informationen ist. Hinzu kommt, dass beispielsweise Facebook für alle im selben Layout auf dem Bildschirm des Computers oder des mobilen Geräts auftritt, die zeigten Inhalte aber je nachdem, wer davorsitzt, völlig unterschiedlich sind. Auch durch die Auswertung digitaler Aufzeichnungen, was man bisher angeklickt hat, kann es sein, dass nur noch bestimmte Inhalte an die Nutzerin oder den Nutzer ausgespielt werden. Abweichende, widersprüchliche, irritierende Nachrichten werden so »versteckt«. Das kommt der menschlichen Grundhaltung entgegen, die Komplexität der Welt für sich zu reduzieren. Würden wir jedes Problem an uns heranlassen, würden wir bald verzweifeln. Gleichwohl ist es in der Gesellschaft, in der wir gemeinsam leben, kaum angebracht, die Augen vor Herausforderungen zu verschließen und sich mit der eigenen Meinung »einzukapseln«, also gar nicht mehr über Kompromisse nachzudenken. Der Gipfel jeder Kompromisslosigkeit ist stets die Autokratie, wenn nicht sogar die Diktatur.

Hinzu kommt die Rolle von Unternehmen, denn eine demokratische und informierte Gesellschaft ist auch ein wichtiger Standortfaktor. »Auch Anzeigenkunden wollen mit ihren Produkten nicht neben abgeschlagenen Köpfen stehen«, formulierte die langjährige Vorstandsvorsitzende des Verlagshauses Gruner + Jahr Julia Jäkel einst zu problematischen Veröffentlichungen in sozialen Netzwerken wie Facebook. In einem weiteren Interview mit dem *Handelsblatt* betonte sie: »Unternehmenslenker, Marketingentscheider – alle müssen sich wieder ein bisschen mehr darüber bewusst sein, dass sie mit jedem Euro, den sie ausgeben, gesellschaftliche Entscheidungen treffen. Geben sie das Geld an Medien, die ihre Inhalte aufwendig erarbeiten und Beiträge zur öffentlichen Meinungsbildung liefern – oder nur in Kanäle, die keine eigenen Inhalte erzeugen.« Jäkel schlug deshalb eine »Corporate Media Responsibility« vor – bereits 2017.

Zur Medienkompetenz von Bürgerinnen und Bürger gehört auch, sich wahrhaftig zu informieren. Es müssen Wege gefunden werden, Journalismus auch für die Gruppen aufzuarbeiten, die nicht gezielt danach suchen. Natürlich kann man den Standpunkt vertreten, dass eine Nachricht, die wichtig ist, jemanden schon irgendwie erreichen wird – und sei es über die sozialen Netzwerke. Die Tiefe der inneren Auseinandersetzung mit einem Thema hängt aber durchaus auch von der sogenannten Rezeptionssituation ab, also davon, wo, wann und wie man Informationen sucht und aufnimmt. Der Fachdienst *Editorial Media* berichtete, dass sich einer Studie aus den USA zufolge diejenigen, die eine Nachrichtenseite im Internet direkt ansteuern, intensiver damit beschäftigen als jene, die via Social Media auf die Seite kommen. Die »originären« Nutzerinnen und Nutzer sind also aufmerksamer – nicht nur gegenüber den redaktionellen Veröffentlichungen, sondern auch gegenüber der dort publizierten Werbung.

Dafür muss man aber auseinanderhalten (können), was Journalismus ist und was PR, Werbung oder Desinformation. Der Medienwissenschaftler Bernhard Pörksen hat dafür den Begriff einer »redaktionellen Gesellschaft« geprägt. In dieser Utopie gehe es darum, »die Normen und Prinzipien eines ideal gedachten Journalismus zum Bestandteil der Allgemeinbildung« werden zu lassen. Dazu gehöre auch eine »Wahrnehmungsschulung« beziehungsweise »angewandte Irrtumswissenschaft«, so Pörksen. Damit könne vermittelt werden, »wie Wissen zustande kommt und wie manipulationsanfällig die Wahrnehmung des Menschen sein kann«.

2.
Drucken, senden, digital verbreiten

Die Erfindung des Buchdrucks war revolutionär. Ein nächster wichtiger Schritt war die Erfindung der Tageszeitungen als journalistisches Massenmedium – auch wenn unser modernes Verständnis davon für diese Frühzeit nur bedingt passend ist. Wie Ute Daniel in ihrem Buch »Beziehungsgeschichten – Politik und Medien im 20. Jahrhundert« beschreibt, verstanden sich Besitzer und Redaktionen der ersten Blätter »zuallererst als politische Akteure und standen in der Regel einer politischen Partei nahe«: »Dass das die Zahl der Leser überschaubar hielt und nicht selten die Zeitung zu einem Zuschussbetrieb machte, war akzeptiert.« Die frühere Presse war also gar nicht konsequent darauf ausgelegt, mit den Publikationen tatsächlich Geld zu verdienen, es ging mehr um politische Einflussnahme. Dafür sei in Kauf genommen worden, so Daniel, dass die »Blätter oft Zuschussbetriebe« gewesen seien.

Das änderte sich in den 1920er-Jahren, als die Auflagen von Zeitungen deutlich gesteigert wurden. Für Großbritannien stellt Ute Daniel fest, dass auch »gänzlich inhaltsferne Mittel« dazu genutzt worden seien, »um die Verkaufszahlen in die Höhe zu treiben«. Unter anderem habe man mit dem regelmäßigen Kauf einer Zeitung den Anspruch auf günstige Versicherungspolicen erwerben können: »Die Kosten für die entsprechenden Verträge mit den Versicherungsgesellschaften trieben manches Blatt in den Ruin.«

Erst zwischen den beiden Weltkriegen habe die Tageszeitung als Massenmedium eine immer interessantere Einnahmequelle erschlossen, beschreibt die Autorin: Werbeanzeigen. »Das machte diese Zeitungen lukrativ und ihre Besitzer oft reich«, schreibt Daniel. Und wie sieht es heute aus?

Die Tageszeitung ist tot, es lebe die Tageszeitung! Das etwas abgewandelte »geflügelte Wort« macht an dieser Stelle durchaus Sinn – und zwar beide Teile!. Beginnen wir mit dem vorderen. Einem als selbstverständlich empfundenen Kulturgut droht das Ableben. Tatsächlich sinken die gedruckten Auflagen der Tageszeitungen in Deutschland konsequent und dauerhaft. Aber der zweite Teil hat gleichfalls seine Berechtigung, denn aktuellen Erhebungen zufolge sind es immer noch fast 77 Prozent der Bevölkerung, die die Inhalte von Tageszeitungen zur Kenntnis nehmen. Das umfasst freilich beide inzwischen möglichen Wege – also sowohl die Zeitungen auf Papier als auch ihre digitalen Ausgaben. Die »Zeitungsmarktforschung Gesellschaft der deutschen Zeitungen« (ZMG) stellt in ihrer Studie 2024 fest, dass Zeitungen nach wie vor besonders glaubwürdig und die erste Informationsquelle vor allen anderen Mediengattungen vor allem im lokalen Bereich sind. Und sie gewinnen online junge Leserinnen und Leser hinzu.

Zum Konzept Zeitung gehöre es, so formulierte ihr Mitherausgeber Jürgen Kaube es zum 75-jährigen Jubiläum der *FAZ* im April 2024, »einmal am Tag – früher sogar öfter, mitunter aber auch nur einmal in der Woche – einen Strich unter das Weltgeschehen zu ziehen. Zeitungen halten für einen Moment fest, was man sich merken und worüber man nachdenken sollte.« Auch betonte er, dass zuweilen im Wirtschaftsteil des Blatts »etwas ganz anderes« stehe als im Politikressort oder im Feuilleton. Es gehe bei der Lektüre einer Tageszeitung und ihrer Kommentare aber auch nicht darum, so Kaube, seine eigenen Ansichten zu bestätigen, sondern sich überraschen zu lassen. Vielfalt wird so auch innerhalb der Redaktionen zu einem eigenen Wert, wenngleich Verlagshäuser und ihre Produkte natürlich eine jeweils grundsätzliche politische Ausrichtung haben. Die *FAZ* dürfte da in der Summe konservativer sein als die linksalternative *taz* – aber auch in der findet man immer wieder überraschende Haltungen etwa in Kommentaren, mit denen man so vielleicht nicht gerechnet hatte. Das macht den besonderen Reiz der Zeitung als Produkt einer innerredaktionellen Vielfalt aus.

Mit ihrem »Strich unter dem Weltgeschehen« konzentriert sie sich nicht nur auf das, was die Lesenden ohnehin zielgerichtet interessiert. Zum einen gibt es eben Nachrichten, die für die ganze Gesellschaft wichtig sind und die man an einem Ort »gebündelt« vorfinden möchte. Zum anderen ändern sich die subjektiven Interessen durchaus im Laufe eines Lebens. Wenn einen früher ein politischer Essay nicht gerade zum Lesen eingeladen hat, ist das mit zunehmendem Alter oft anders. Und wen in mittleren Lebensjahren die Rezension einer Opernaufführung nicht interessiert, für den könnte das im Ruhestand ein wichtiger Artikel sein. In den sozialen Netzwerken gibt es nicht mehr die Auswahl dessen, was professionelle Redakteurinnen und Redakteure als relevant erkennen und zusammenstellen. Man wird mit immer mehr vom Gleichen konfrontiert, »Debundling« ist der Fachbegriff dafür. Der Medienwissenschaftler Volker Lilienthal hat darauf aufmerksam gemacht, dass ein solches Vorgehen die Finanzierung von redaktionell gemachten Medienprodukten problematisch macht. An die Stelle von Abonnements treten nur noch Einzelstücke, »fest kalkulierbare Einnahmeposten« fielen dadurch weg. Auch würden nicht mehr alle Ressorts bedient – vor allem nicht mehr jene, die zu wenig nachgefragt würden. Blinde Flecken in der Realitätsdarstellung seien eine realistische Folge, so Lilienthal.

Der Traum der Betriebswirte in den Verlagshäusern, nur noch das produzieren lassen zu müssen, was später auch richtig viel Geld einbringt, ist nicht neu. Immer wieder wurde zum Beispiel mit der Befragung von Leserinnen und Lesern versucht, herauszufinden, was wirklich zur Kenntnis genommen wird und was nicht. Die nächste Stufe war dann ein Konzept namens »Readerscan«. Dabei wurde in einem Versuchsaufbau minutiös aufgezeichnet, welcher Artikel wie weit gelesen wurde. Inzwischen gibt es digital gestützte »Blick-Bewegungs-Studien«, die solche Erforschungen erleichtern. Dabei wird die Bewegung der Augen beim Blick auf das Zeitungspapier genau nachvollzogen.

Auf den Webseiten der Verlage geht das natürlich noch schneller, einfacher und kostengünstiger. In nahezu jeder Redaktion, die (auch) im Netz publiziert, hängen große Bildschirme an der Wand, die die aktuell erfolgreichsten Beiträge anzeigen: Wer hat wie viele Klicks bekommen? Wo muss eine Überschrift vielleicht noch ein wenig reißerischer formuliert werden, damit sie mehr Aufmerksamkeit bekommt? Was wird kaum gelesen und sollte deshalb eher weiter unten auf der Webseite »versteckt« werden? Die Folge ist tatsächlich, dass über manche Themen, die nicht »verkaufbar« sind, kaum oder gar nicht mehr berichtet wird.

Der Kölner Journalist des Boulevardblatts *Express* Philipp J. Meckert hat in seinem Köln-Krimi »Mond und die Bombe« diese Situation erzählerisch auf den Punkt gebracht. Der Dialog der Hauptfigur mit seiner Chefin spricht Bände und soll deshalb an dieser Stelle dokumentiert werden: »*Ihre letzte Geschichte über diesen Skandal bei den Stadtwerken, dieser Klüngel um Posten und Parteien und den Neubau des Verwaltungsgebäudes...*« – »*... das hat einiges bewegt!*«, merkte Mond nicht ohne Stolz an. »*Uns aber nicht. Das brachte nicht mal 10.000 Klicks!*«, blaffte Klammer. »*Und dafür hatten Sie drei Wochen lang, ich wiederhole: drei Wochen lang recherchiert!*« – »*Rekordzeit für so ein Ding, das dank dpa* [Deutsche Presse-Agentur] *bundesweit Schlagzeilen machte*«, sagte Mond überzeugt. »*Mond, kapieren Sie's nicht? Drei Minuten Aufwand für Heidi und 250.000 Klicks. Drei Wochen für 10.000. Macht's da bei Ihnen nicht Klick?*«

Auch wenn er aus einem Roman stammt, es sich also um eine fiktive Szene, handelt, zeigt der Dialog doch den einen Trend auf: weg von der kritischen Berichterstattung im Sinne der Gesellschaft hin zur rein unterhaltenden Boulevardisierung, und zwar im wörtlichen Sinne. Boulevardzeitungen waren einst bewusst gegründet worden, um den Qualitätszeitungen im Abonnement etwas entgegenzusetzen. Leicht konsumierbar, in einfacher Sprache, zu den Themen, die die breite Masse interessieren. Denn jede einzelne Ausgabe musste sich im Verkauf auf der Straße – daher auch der Begriff »Boulevard« – beweisen.

In Deutschlands Großstädten gab früher das Bonmot darüber, was man brauche, um erfolgreich an eine schöne und preisgünstige Mietwohnung zu kommen: Eine gute Freundin oder einen guten Freund sowie jede Menge Zehn-Pfennig-

Münzen! Konkret bedeutete das, dass man am Freitagabend loszog zu einem der Plätze, wo die Wochenendausgabe der Tageszeitung mit den Immobilieninseraten bereits jetzt zu erwerben war. Die Wochenendausgabe ist traditionell viel umfangreicher als die Tageszeitung an Wochentagen, weil die Menschen am Samstag und Sonntag mehr Zeit zum Lesen haben. Auch wird sie von mehr Menschen gekauft, sodass die Auflage höher war. Zugleich waren zu diesem Zeitpunkt einst besonders viele Kleinanzeigen in den Blättern: Zum Verkauf von Autos, zur Anbahnung von Beziehungen, Todesanzeigen oder eben Immobilieninserate. Die Begleitperson brauchte man, damit sie am Abend eine nahe gelegene Telefonzelle besetzen konnte. Hatte man eines der ersten Exemplare der Wochenendzeitung am späten Freitagabend ergattern, ging es darum, die Angebote für Mietwohnungen schnell durchzuschauen. Zur Kontaktaufnahme war meist eine Telefonnummer angegeben. Und da kamen die Zehn-Pfennig-Münzen ins Spiel: 20 Pfennig kostete ein Ortsgespräch an der Telefonzelle, und man konnte eben nur Münzen einwerfen, um dies zu bezahlen. Auf diese Weise hatte man die Chance, sich als erste Interessentin oder erster Interessent bei den Vermietenden zu melden – mit etwas Charme und Überzeugungskunst hatte man dann eine neue Bleibe.

Inzwischen gibt es selbst in den Wochenendausgaben der Tageszeitungen kaum noch solche Kleinanzeigen. Die Blätter sind nicht mehr das bevorzugte Kommunikationsmittel, wenn es um die Anbahnung von privaten Geschäften geht. Der Markt ist abgewandert ins Internet, die Querverrechnung der Kosten für den redaktionellen Teil mit den Einnahmen aus dem Anzeigenteil findet nicht mehr statt – und das, obwohl zwei große Immobilienportale nun im Besitz eines Medienhauses sind: Die Verlagsgruppe Axel Springer SE ist über ihre Tochterfirma AVIV Group für die reichweitenstarken Webseiten Immonet und Immowelt verantwortlich und verdient damit Geld. »Vor allem bei Stellen- und Immobilienportalen erreichte Axel Springer SE zweistellige Wachstumsraten«, berichtete *epd medien* bereits 2017. Mit den Tageszeitungsprodukten der Gruppe hat das aber nichts mehr zu tun. Ähnlich sieht es beim Unternehmen Burda Media aus, das nach eigenen Angaben mehr als 500 Medienprodukte unter seinem Dach vereint. Jenseits des Journalismus sind das beispielsweise das Netzwerk Xing oder das Portal Holiday Check.

Das Beispiel zeigt, wie schwer sich Verlage getan haben, das »Neuland« des Internet für sich zu entdecken. Man muss sich immer wieder bewusst machen, wie rasant sich die Branche verändert hat und in welcher kurzen Zeit das passiert ist. Nach einem Bericht des *Deutschlandfunks* war die *Rhein-Zeitung* in Koblenz im Jahr 1995 die erste deutsche Zeitung mit einem eigenen Onlineauftritt. Die ist gerade einmal drei Jahrzehnte her.

In erster Linie ging es damals bei solchen Webseiten der Zeitungen allerdings ausschließlich darum, in der digitalen Welt Reichweite zu gewinnen. Dazu wurden die aufwendig erstellten redaktionellen Inhalte massenweise zur kostenlosen Nutzung ins Netz gestellt. Hinzu kamen »Clickbaiting«-Angebote, bei denen es darauf ankam, mit möglichst wenig Aufwand die Nutzerinnen und Nutzer möglichst lange auf der Seite zu halten. So wurden im besten Falle Fotostrecken entworfen, im schlechtesten waren es aufgebauschte Überschriften oder Artikel, die über mehrere Seiten gestreckt

wurden und so zum häufigen Weiterklicken animieren sollten. Beides wirkte sich nicht gerade positiv auf den Ruf der
entsprechenden Webseiten aus. Viel zu spät wurde damit
begonnen, zunächst einzelne Beiträge kostenpflichtig oder
nur noch im Rahmen eines Abonnements zugänglich zu machen. Einer Generation, die sich daran gewöhnt hatte, dass
im Netz auch Journalismus gratis zu haben ist, musste das
erst einmal erklärt werden.

Die in Druckereien aufwendig erstellten Tageszeitungen,
die dann noch ausgeliefert und in einzelnen Exemplaren zu
den Kundinnen und Kunden gebracht werden müssen oder
an Kiosken verkauft werden, spielen aber nach wie vor eine
wichtige Rolle im Medienkonsum der Deutschen. So weist
der »Bundesverband der Zeitungsverleger und Digitalpublisher« (BDZV) darauf hin, dass jede und jeder Zweite täglich
eine gedruckte Tageszeitung lese. Erst im Jahr 2019 hat sich
übrigens der Verband umbenannt und den Zusatz der »Digitalpublisher« in seinen Namen aufgenommen. Auf diese
Weise öffnete sich die Interessenvertretung bewusst auch für
Unternehmen, die rein digital veröffentlichen. Denn selbst
die traditionellen Mitgliedsunternehmen setzen vermehrt
darauf, ihre Inhalte nicht mehr nur auf Papier auszuliefern.

So stellte die Score Media Group im Jahr 2023 für die
regionalen Tageszeitungen fest, dass inzwischen 45 Prozent der Nutzenden die Printausgabe lesen, aber schon 41
Prozent die Onlineangebote nutzen und 30 Prozent das E-
Paper. Dabei gibt es einige, die offenbar mindestens zwei
der Versorgungsarten angegeben hatten. Bei den Digitalver-
öffentlichungen werde auch immer häufiger für die Inhalte
bezahlt, weil man sie gegenüber Gratiscontent für glaubwürdiger halte, so das Institut.

Gleichwohl kann die Branche nicht unumwunden positiv in die Zukunft schauen. Zwar ist die gedruckte Zeitung traditionell und für viele auch heute noch das Informationsmittel der Wahl. Die Zustellung wird für die Verlage aber immer teurer, und die Auflagen sinken eben beharrlich. Schon im Jahr 2018 war bei der *taz* diskutiert worden, die Printausgabe abzuschaffen. Nun war man es von dem links-alternativen Blatt über viele Jahre gewohnt, dass regelmäßige »Rettungskampagnen« gestartet werden. Im »Innovationsreport« des Verlages hieß es nun aber plötzlich, die Printabonnements derart brächen ein, dass schon in Kürze die *taz* wirklich nicht mehr finanzierbar sei. »Das Zeitalter der gedruckten Zeitung ist zu Ende, der Journalismus lebt im Netz weiter«, hieß es sehr deutlich. Zu diesem Zeitpunkt hatte die britische Tageszeitung *The Independent* ihre Printausgabe bereits eingestellt. Und in Norwegen reduzierten lokale Zeitungen ihre Erscheinungsweise, indem sie an manchen Wochentagen eben keine gedruckte Ausgabe mehr produzierten.

Der Medienwissenschaftler Klaus Meier hatte seinerzeit vorausgesagt, dass es im Jahr 2033 die letzte gedruckte Tageszeitung geben werde. Wie kam er auf eine solche Annahme? Ganz einfach: Er hatte die Auflagen der Blätter hochgerechnet. Heraus kam eine mathematische Kurve, die immer weiter nach unten ging. 2012 hatte er die damals vergangenen 20 Jahre zusammengestellt und grafisch aufbereitet, um die entsprechende Verlaufslinie einfach weiter zu zeichnen. Im Jahr 2019 stellte er ein Zwischenergebnis fest: Das so prognostizierte Sinken der Auflagenzahlen war nicht nur eingetroffen, es war übertroffen worden. 2033 wäre diesem Modell zufolge die endgültige Nulllinie erreicht. Eine aktuelle Fortschreibung der Kurve im Jahr 2024 bei statista.de belegt, dass Meier mit seinen Voraussagen Recht behalten sollte. Die Kurve nahm bis dahin ziemlich genau den Verlauf, den er auf in seiner grafischen Kurve entworfen hatte.

So ist es wenig verwunderlich, dass der Trend zum Abschied von der Printausgabe auch in Deutschland ankommen sollte, wenngleich recht zögerlich, denn die hiesige Bevölkerung hängt doch sehr an ihrer gedruckten Zeitung. Für Menschen im Osten Thüringens sollte aber Mitte 2023 damit Schluss sein. Die Funke Mediengruppe stellte das Erscheinen der gedruckten Tageszeitung in einigen Orten einfach ein. Mit einem großen Kraftaufwand wurde versucht, die bisherigen Abonnentinnen und Abonnenten von den Vorteilen der Onlineausgabe zu überzeugen, was nicht in allen Fällen gelungen ist. Das Boulevardblatt *Hamburger Morgenpost* ging wenige Monate später einen ähnlichen Weg, indem es die tägliche Printausgabe einstellte. Nur noch am Wochenende erscheint in der Hansestadt eine gedruckte *Morgenpost*, an den anderen Wochentagen sind die Lesenden auf die Webseite des Verlages im Internet angewiesen. Die Zeiten, in denen man täglich Nachrichten vom Vortag auf Papier drucke, seien vorbei, wird Verleger Arist von Harpe zitiert. Mit dem Digitalangebot erreiche man inzwischen viel mehr Menschen als mit den gedruckten Exemplaren.

In der *taz* beschrieb der Journalist Christian Walther dann die Fortsetzung dieses Trends: Auch der Madsack Verlag stellte Printausgaben seiner regionalen Tageszeitungen ein. Und *Tagesspiegel* sowie *Berliner Morgenpost* sollten ihre Sonntagsausgaben aufgeben. Unterdessen hatte *Bild am Sonntag* zwar nicht auf den Druck ihrer Publikationen verzichtet, aber die Zustellung des Blatts an der Haustür der Lesenden aus Kostengründen eingestellt.

Während bei *Bild am Sonntag* die Auflage daraufhin zunächst zurückgegangen ist, geben sich die meisten Verlage vorsichtig optimistisch bei der Umstellung weg von der täglichen gedruckten Zeitung hin zu Onlineausgabe. Vom erwähnten *Independent* gab es sogar direkt nach dem Wechsel positive Nachrichten. Das Blatt, das vorher Minuszahlen geschrieben hatte, machte nach Angaben seines Chefredakteurs plötzlich wieder Gewinne. Es seien neue Stellen in der Redaktion geschaffen worden, und das E-Paper in einer Bezahl-App habe innerhalb kürzester Zeit mehr Abonnentinnen und Abonnenten gehabt als zuletzt die Printausgabe, berichtete die *SZ*. Auch bei den Zeitschriften scheint diese Entwicklung im Gange zu sein. So erschien im Sommer 2024 nach 67 Jahren zum letzten Mal eine gedruckte Ausgabe des Magazins *Absatzwirtschaft*, künftig wird es nur noch online angeboten. Das Fußballmagazin *Kicker* berichtete unterdessen davon, dass Werbetreibende vermehrt auf crossmediale Kampagnen setzen und unter anderem für Postings auf dem Instagram-Kanal des Magazins bezahlen.

An der Hinwendung der Printverlage zum Internet führt also kein Weg vorbei, auch wenn manche immer noch recht zögerlich reagieren – schließlich wollen viele Kundinnen und Kunden nicht auf die gedruckte Ausgabe verzichten und entscheiden sich im Zweifelsfall dafür, gar keine Nachrichten mehr zu konsumieren oder sich gänzlich anderen, oft unzuverlässigen, Quellen im Netz zuzuwenden. Vor allem ältere Nutzerinnen und Nutzer fühlen sich häufig damit überfordert, beispielsweise E-Paper mit dem Computer herunterzuladen. Umgekehrt haben Jüngere oft gar keinen Bezug mehr zu Zeitungen oder Zeitschriften auf Papier. So war das *Der Spiegel* über Jahrzehnte quasi Pflichtlektüre in vielen Haushalten. Das dicke Heft wurde nach Hause geliefert oder am Kiosk gekauft und hat dem Verlag damit hohe Umsätze und Gewinne beschert. Schon im Jahr 2018 allerdings überholten die digitalen Angebote des herausgebenden Medienhauses die analogen in Sachen Werbeanzeigen. Vor allem *Spiegel Online* trug dazu bei. Im gedruckten Magazin dagegen wollten immer weniger Unternehmen ihre bezahlte Reklame sehen.

Schaut man sich die Entwicklung der Zahlen an, gibt es wenig Grund zur Resignation. Die Zahl der digitalen Abonnements steigt, im Jahr 2022 soll der Fachdienst *PV Digest* einem Bericht des Branchendienstes *horizont.net* zufolge erstmals Paid-Content-Umsätze der deutschen Presseverlage von mehr als eine Milliarde Euro festgestellt haben. Bei den Verlegerinnen und Verlegern von Zeitschriften, die ihren Verband inzwischen umbenannt haben in »Medienverband der freien Presse« (MVFP), sieht das ähnlich aus. Nach einem Bericht von *kress.de* im Frühjahr 2024 werden schon 40 Prozent der Umsätze mit Publikumszeitschriften digital gemacht, bei spezialisierten Fachverlagen sogar 60 Prozent.

Die Stimmung in der Branche ist also nicht komplett eingetrübt und auf eine »Deadline« getrimmt, ganz im Gegenteil. Die Zeitungsverleger schauten Anfang 2024 sogar ausdrücklich optimistisch in die Zukunft, wie die *Katholische Nachrichten-Agentur* (KNA) berichtete. Der Grund dafür, dass mehr als zwei Drittel der befragten Verlage ihre Lage derart positiv sehen, ist vor allem die Steigerung der Umsätze im Digitalgeschäft. Lediglich mittelfristig machen sich die Publizierenden Sorgen um ihre Zukunft.

In der digitalen Welt reicht es aber bei Weitem nicht aus, nur die Zeitung als elektronische Ausgabe im PDF-Format zu veröffentlichen. Das Netz funktioniert nicht derart statisch, weshalb die Verlage nach neuen Wegen suchen, um in dieser Umgebung weiterhin wirtschaftlich erfolgreich sein zu können. Es gibt eine ganze Reihe von Ansätzen, die mal mehr, mal weniger lukrativ sind. Althergebracht ist das Geschäft mit Reisen, die speziell für Leserinnen und Leser angeboten werden. Merchandising – also der Verkauf von »Devotionalien« – von Artikeln, die zum Beispiel das Logo des jeweiligen Verlags, Senders oder Creators tragen, ist ebenfalls für manche gewinnbringend: Der Bogen reicht von der Kaffeetasse bis zum edlen Kugelschreiber. Das *Mindener Tageblatt* experimentierte damit, neben Zeitungen auch Gebrauchswaren bis hin zu Wein und Schuhen auszuliefern. Während Rabatte für Abonnentinnen und Abonnenten bei regionalen Partnern wie Kultureinrichtungen bei vielen Blättern längst üblich sind, kündigte die Funke-Mediengruppe 2024 an, noch einen Schritt weiter zu gehen und spezielle »Advertorials« anzubieten. Das heißt, es werden Werbebeiträge von Unternehmen veröffentlicht, die mit Aktionen für Nutzende verbunden werden. Auf diese Weise versucht der Verlag, an die Praxis anderer Internetveröffentlichungen anzuknüpfen. Mithilfe sogenannter »Affiliate Links« werden da schon seit Langem Umsätze mit Provisionen für die Vermittlung gemacht: Wird der Link angeklickt und im jeweiligen Shop etwas bestellt, bekommt derjenige, der den Link auf seiner Seite publiziert hatte, dafür Geld. Die *FAZ* hat unterdessen Erfolge mit ihrem Tochter-Netzwerk »Faktor F«. Mitte 2024 berichtete *kress pro*, dass das Haus dort mit seinen nichtjournalistischen Aktivitäten von Beratung über Werbung bis zu Portalen rund 50 Millionen Euro im Jahr an Umsatz macht.

Trotz aller positiven Aspekte stehen vor allem viele Zeitungsverlage derart unter Druck, dass es immer wieder Entlassungswellen in den Redaktionen gibt. In manchen Fällen geht es dabei auch darum, Gehaltstarife zu unterlaufen und entweder die bisherigen Mitarbeitenden oder neue Leute in Tochtergesellschaften zu beschäftigen, die schlechter bezahlen. Freie Journalistinnen und Journalisten bekommen vor allem bei regionalen Tageszeitungen manchmal so wenig Honorar, dass sie damit unterhalb des Niveaus liegen, das der gesetzliche Mindestlohn eigentlich als verbindlich vorschreibt. Da sie aber freiberuflich und somit selbstständig tätig sind, gelten diese sozialen Schutzmaßnahmen für sie nicht.

Bei all dieses Herausforderungen müssen die etablierten Verlage mit ihren Medienmarken auch aufpassen, dass sie nicht von konkurrierenden journalistischen Angeboten im Netz überrollt werden, die keinen aufwendigen Vertrieb gedruckter Exemplare mehr finanzieren müssen. Wenn sich die »großen Tanker« nicht bewegen, drohen sie von den innovativen Schnellbooten überholt zu werden. Das ist beispielsweise auch der Grund, weshalb Axel Springer SE- die US-amerikanische Publikation *Politico* nach Deutschland gebracht hat. Im Newsletter *Berlin Playbook*, der jeden Tag per Mail verschickt wird, werden politische Prozesse thematisiert. Andere Häuser produzieren und vertreiben dagegen kostenpflichtige Newsletter.

Unterdessen setzen zunehmend Zeitungsverlage auf ein Medium, das ihren bisherigen Veröffentlichungen von Text nahekommt, sich aber in anderen Sphären bewegt: Audio. Die Funktion, sich Zeitungstexte vorlesen zu lassen, ist bei manchen schon lange Standard. Immer häufiger werden aber auch Formate produziert, die auf das Image der Blätter und ihrer Marke einzahlen – im wahrsten Sinne des Wortes. So setzten die Produktion und Veröffentlichung des Audio-Podcasts *The Daily* der *New York Times* Maßstäbe in diesem Bereich, denn darüber wurde zusätzliches Publikum erschlossen. Über das *Hamburger Abendblatt* wurde auch schon zur Jahrtausendwende berichtet, dass es mit Podcasts vor allem jüngere Menschen erreicht und sie sogar zu zahlenden Digital-Abonnierenden machen konnte. *Der Spiegel* diente sich sogar Audible an und publiziert dort seit Jahren den Podcast *Sagen, was ist*. Die Tochterfirma des Onlineversandhändlers Amazon produziert nicht nur Formate für die Hamburger, sondern setzt konsequent auf Eigenproduktionen, um auch in diesem Mediengeschäft Umsätze und letztlich Gewinne zu erwirtschaften.

Nach diesen Vorreitern gibt es kaum noch einen Verlag, der nicht auch mit Audio (oder gar Video) experimentiert. Bereits im Jahr 2020 hatte der Stephan Scherzer, Hauptgeschäftsführer des damaligen Verbands der Zeitschriftenverleger (heute: »Medienverband der Freien Presse«), in dessen Magazin *Print & More* empfohlen, dass Printtitel sich ein eigenes Soundlogo zulegen sollten, um ihre Marke in die digitale Welt zu tragen. Schließlich, so Scherzer, hätten Audio-Assistenten wie Alexa oder Google Home keinen Bildschirm.

Es gibt eben nicht nur gedruckten Journalismus. Audio ist nach wie vor einer der wichtigsten Bereiche für die Branche – auch wenn sowohl die Ansprache als auch die Situation, in der Audio konsumiert wird, völlig unterschiedlich etwa zum Zeitungslesen ist. An erster Stelle steht der Hörfunk, auch Radio genannt. Ein klassisches »Nebenbei«-Medium, denn die Zeit, in der Menschen gezielt Sendungen im Radio eingeschaltet haben, um bestimmte Senden live zu hören, ist bis auf wenige Ausnahmen längst vorbei. Selbst wenn es aufwendig produzierte Features oder Hörspiele gibt, werden diese selten zu dem Zeitpunkt ihrer Ausstrahlung angehört. Es ist ja auch viel bequemer, sie dann anzusteuern, wenn man Zeit dafür hat – in den jeweiligen Mediatheken der Sender oder bei Streamingdiensten wie Spotify.

Radio wird von vielen Menschen gehört, um sowohl unterhalten als auch informiert zu werden. Musik spielt dabei eine besondere Rolle, aber auch die launige Moderation leistet ihren Beitrag dazu, dass wir das Radio manchmal über Stunden eingeschaltet lassen. Nachrichten, Hintergrundberichte und Interviews vermitteln uns zwischen den unterhaltenden Elementen Aktuelles, was man wissen sollte. Es ist stets eine besondere Herausforderung, die Menschen bei einem solchen »Nebenbei-Medium« für ernste und zuweilen komplizierte Inhalte zu interessieren. Aber es funktioniert nach wie vor exzellent.

Die Tageszeit, zu der am meisten Radio gehört wird, ist die morgendliche »Drive Time«. Zwischen sechs und neun Uhr machen sich viele Menschen für die Arbeit fertig und hören dabei im Badezimmer Radio. Wenn sie dann als Pendler mit dem Auto unterwegs sind, ist das Gerät meist eingeschaltet. Sogar über Kopfhörer in Bahnen kann man dieses Phänomen beobachten. Man kann sich »berieseln« lassen oder genauer hinhören, man kann mit der guten Laune der Moderatorinnen und Moderatoren einer Frühsendung in den Tag starten oder den gut durchdachten Fragestellungen und hoffentlich spannenden Antworten eines Interviews lauschen – Radio hat für jede Lebenslage etwas zu bieten.

Dabei gibt es eine kaum überschaubare Anzahl an Programmen, wenn auch nicht alle einfach über Antenne empfangen werden können. Das Publikum konzentriert sich auf die »großen«, bekannten Wellen. Es wird aber häufiger umgeschaltet als früher. Bei den früher üblichen Drehknöpfen zur Sendersuche an den Empfangsgeräten hat man den Lieblingssender oft nicht verstellt, weil das Risiko bestand, die jeweilige Frequenz später nicht wiederzufinden. Heute genügt ein Tastendruck.

Der große Vorteil des Mediums Radio ist, dass die Geräte für Empfang und Wiedergabe äußerst preisgünstig sind und überall hin mitgenommen werden können. Radio ist somit allgegenwärtig. Spätestens der Übertragungsstand DAB Plus trägt außerdem dazu bei, dass Radio- beziehungsweise Musikhören auch auf höchstem akustischem Anspruchsniveau dank qualitativ hochwertiger Anlagen ein Genuss ist. Hinzu kommt Webradio, das via Internet beispielsweise auch auf dem Mobiltelefon empfangbar ist.

Als Medium, das also für viele allgegenwärtig ist, genießt das lineare Radio immer noch einen nicht zu unterschätzenden Stellenwert. Gleichwohl gibt es auch einen zunehmenden Teil der Bevölkerung, der komplett souverän darüber entscheiden möchte, welche Inhalte er zu welcher Zeit konsumiert. Mit den Audio-Podcasts ist deshalb ein neues Zeitalter angebrochen, das diese autonome Nutzung deutlich vereinfacht und somit alltagstauglich macht.

Nun gibt es unzählige Podcasts im Netz, und nur einige sind erfolgreich und damit auch in der Lage, Geld zu verdienen. Es geht auch im journalistischen Bereich darum, Marken aufzubauen – und die Medienschaffenden selbst spielen dabei eine größere Rolle denn je. So gibt es inzwischen auch kaum einen Radiosender, der nicht auch Angebote als Podcasts vertreibt, und selbst Print- und Onlineverlage sowie Fernsehsender nutzen diesen Kanal. Einen echten Durchbruch sowohl in der breiten Öffentlichkeit als auch in der Medienbranche hatte das Format Podcast, als im Jahr 2018 zum ersten Mal der Deutsche Radiopreis an eine solche Produktion verliehen wurde. Die Amazon-Tochter Audible hatte das Format *Im Untergrund* produziert, das auch auf dem Berliner Radiosender *FluxFM* ausgestrahlt worden war.

Der Sender *Detektor FM* nennt sich inzwischen sogar selbst »Das Podcastradio«, das heißt, die Live-Sendungen fungieren in erster Linie als Premiere neuer Folgen, die dann später im Netz als Stream abgerufen werden können. Podcasts von *Detektor FM* sowie das prominente Format *Lage der Nation* oder Veröffentlichungen des *Redaktionsnetzwerks Deutschland* (*RND*) werden im Übrigen in Sachen Werbung von *ARD* Media vermarktet – hier gibt es also schon eine der viel beschworenen Kooperationen zwischen öffentlich-rechtlichem Rundfunk und privatwirtschaftlichen Anbietern.

Im Mittelpunkt vieler Podcast-Reihen steht das »serielle Erzählen«, also das Anknüpfen an ein Oberthema, über das in Facetten berichtet wird. Als besonders erfolgreich haben sich »True Crime«-Inhalte herausgestellt, also das Aufarbeiten der Hintergründe realer Kriminalfälle. Aber auch politische Themen sind immer wieder in den Podcast-Charts vertreten, genauso wie Comedy oder Wissensformate.

Neben Print und Audio ist Bewegtbild die dritte große Säule für die Verbreitung von Journalismus. Nicht alle wollen immerzu die eigene Programmdirektorin oder der eigene Programmdirektor sein, heißt es in einem in der Medienbranche geflügelten Wort. Das stimmte für das Fernsehen schon in der Zeit nicht, als die ersten Videorekorder verkauft wurden. Sendungen aus dem linearen Programm aufzunehmen und zu einem späteren Zeitpunkt zu schauen, kam genau dem Ideal gleich, die Direktion über das eigene Programm zu übernehmen. Es lag sicher nicht allein an den technischen Hürden, dass das nicht zum Vollprogramm der Nutzenden geworden ist, zumindest nicht einer großen Mehrheit. Für die Meisten gibt es offenbar beide Bedürfnisse: Einerseits gezielt einen Inhalt konsumieren, andererseits sich von dem überraschen zu lassen, was einem aktuell geboten wird. Gerade der Premierencharakter von Filmen oder die Live-Atmosphäre aktueller Berichterstattung üben einen ganz besonderen Reiz aus, der vom klassischen Radio am bequemsten bedient wird oder von seinem »großen Bruder«, der gleich auch bewegte Bilder mitliefert: dem Fernsehen.

Und entsprechend groß ist nach wie vor die Anziehungskraft der Fernsehprogramme in Deutschland. Die öffentlich-rechtlichen Sender *ARD* (mit ihren »Dritten Programmen« als regionale Sender) und *ZDF* sowie vor allem die beiden großen privatwirtschaftlichen Senderfamilien *RTL* und *ProSiebenSat1* locken mit ihrem linearen Programm immer noch Millionen vor die Bildschirme. Die Zeit des Röhrenfernsehers mit seiner übersichtlichen Auswahl ist dabei längst Geschichte. Heute gibt es neben den genannten Sendern auch unzählige kleinere, die sich zum Teil an spezielle Interessen richten. Von Information über Comedy bis hin zu Dauerverkaufsshows oder *Bibel TV* reicht die Bandbreite. Freilich hat sich *Astro TV* wegen der hohen Verbreitungskosten entschlossen, die linearen Sendungen einzustellen.

Da es im Digitalen aber viel einfacher geworden ist, Live-Fernsehen in die Haushalte zu bringen, wird es die meisten Kanäle auch in Zukunft geben, und sie werden auch ihr Publikum finden: Diejenigen, die die Programmdirektion – zumindest zeitweise – gerne den Profis überlassen.

Dabei sind die Produktionskosten für hochwertigen Videocontent vergleichsweise hoch. Insbesondere das journalistische Nachrichtengeschäft ist aufwendig und damit schwierig finanzierbar. Es ist nicht damit getan, irgendwelche Bewegtbilder aufzunehmen, auch wenn Sender ihre Mitarbeitenden zunehmend mit Digitalkameras oder Smartphones ausstatten. Man kann durchaus mit einem iPhone einen Kinofilm drehen – wenn man es denn kann. Nicht alle vereinen alle Talente, die für das Filmen und Produzieren notwendig sind, zwangsläufig in einer Person. Schließlich waren Kameraführung, Ton, Licht oder Schneiden jeweils eigenständige Ausbildungsberufe, nicht selten hatten die in professionellen Sendern Tätigen sogar ein hoch spezialisiertes Studium für diese Tätigkeiten absolviert. Heute soll am liebsten alles von einer Person und möglichst günstig gemacht werden. Man könnte auch sagen: billig. Denn bei so manchen Fernsehausstrahlungen sind Bild, Ton oder Licht so schlecht arrangiert, dass man sich in Zeiten analoger Ausstrahlung kaum getraut hätte, so etwas auf Sendung zu bringen. Die Zeit der Corona-Pandemie mit ihren Aufzeichnungen von Interviews mithilfe von Plattformen wie Zoom hat das noch verschärft: Aus Kostengründen oder wegen der Bequemlichkeit hat sich der sichtbar niedrigere Bildstandard in vielen News-Sendungen durchgesetzt. In der ganz aktuellen Berichterstattung kann das so Unperfekte freilich auch ein Vorteil sein. Wer dagegen durchweg professionell und aufwendig produziert, muss das auch bezahlen können. Für Produktionsfirmen, die beispielsweise Dokumentationen für große Sender herstellen, wird das immer mehr zum Risiko. Trotzdem bleibt es prinzipiell (noch) ein lohnendes Geschäft.

Schließlich wollen wir alle auch wirklich gut gemachte Filme sehen. Gesellschaftlich spielen dabei sowohl Unterhaltung als auch Information große Rollen. Fiktionale Inhalte können durchaus auf Missstände aufmerksam machen, Dokumentationen ohnehin. Das zeigen alleine die »Themenabende«, bei denen nach einem Film eine Doku oder eine Diskussionsrunde folgt. Solche »Hochglanzproduktionen« werden technisch meist viel aufwendiger produziert als Nachrichten, was entsprechend mehr kostet – aber auch einen Mehrwert bietet, indem auf alternative Weise ein Zugang zu einem Thema geschaffen wird. Bei Dokumentationen gibt es häufig auch Koproduktionen, die zuerst im Kino und erst dann im Fernsehen gezeigt werden, beispielsweise der Film über die Überwachungssoftware »Palantir« von Klaus Stern.

Auch wenn das lineare Fernsehen viel Beachtung und Wertschätzung erfährt, steht es aus unterschiedlichen Richtungen unter Druck. Bei den öffentlich-rechtlichen Sendern wird intensiver darüber diskutiert, wie diese sich für die Zukunft aufstellen sollen. Es wird gefordert, dass sie auch in der digitalen Welt ihr Publikum finden, gleichzeitig wächst der Druck, dass der Rundfunkbeitrag zumindest nicht steigt. Bei steigenden Kosten und zusätzlichen Kanälen, die inhaltlich zu füllen sind, ist das ein ausgewachsenes Dilemma. Die ersten Anstalten beginnen bereits, deutliche Kürzungen an ihren Hauptprogrammen vorzunehmen, um den Auftritt auf digitalen Plattformen bezahlen zu können. Zunehmend werden soziale Netzwerke nicht als Konkurrenz, sondern als Partner wahrgenommen. Zuweilen wird sogar explizit für fremde Plattformen wie YouTube oder Facebook produziert.

Die privaten Sender stehen vor ähnlich schwierigen Herausforderungen. Die Gewinne der Sender sind durch den Erfolg von Streamingplattformen wie Netflix deutlich gesunken. In besonders schweres Fahrwasser ist der Konzern *ProSiebenSat1* geraten, der mit seiner Diversifizierung zunächst auf einem guten Weg schien. Durch die Beteiligung an Parship, einem Portal für die Partnersuche, an dem Onlinehändler für Beauty-Produkte Flaconi oder dem Vergleichsportal Verivox und weiterer Digital-Angebote hatte sich das Medienhaus unabhängiger machen wollen vom reinen Geschäft mit Inhalten. Die italienische von der Berlusconi-Familie beherrschte Mediengruppe MFE verlangte als Anteilseigener von *ProSiebenSat1* eine Aufspaltung des Konzerns: Der Sender solle sich auf das Kerngeschäft Fernsehen konzentrieren. Der Vorsitzende des Aufsichtsrats Andreas Wiele gab im Gespräch mit der *SZ* im März 2024 zu Protokoll: »Ein Mischkonzern, der in vielen Bereichen tätig ist, hat noch nie funktioniert, vor allem nicht im Mediengeschäft.« Deshalb wolle man sich auf Bewegtbildangebote konzentrieren.

Letztlich stellt sich die Frage, wie es die Sender mittel- bis langfristig schaffen, sich an veränderte Sehgewohnheiten anzupassen. Für manche Verantwortliche war es schon ein Schock, dass nicht nur das Publikum nach Alternativen sucht, sondern auch prominente Gesichter des linearen TV zur Konkurrenz gehen. Ein frühes Beispiel dafür ist der Comedian Bastian Pastewka, der plötzlich bei Amazon vor der

Kamera stand. Gegenüber dem Mediendienst *teleschau.de* verglich er die Situation mit der Zeit, als das Privatfernsehen in Deutschland entstanden ist: »Wenn jemand Großes wie Rudi Carrell geht, müssen sich die Verlassenen wieder mehr anstrengen. Das ist auch jetzt der Fall. Das klassische Fernsehen kann sich jetzt überlegen, wie es sich selbst revolutionieren will. Ich gehe davon aus, dass es sich anstrengt und etwas einfallen lässt.« Carrell war damals nach extrem erfolgreichen Shows im öffentlich-rechtlichen Fernsehen zu *RTL* gewechselt.

Um im Streaming-Markt selbst mitzumischen, wird das Thema Mediatheken für die Sender immer wichtiger. Um von einem Fernsehsender zum anderen zu wechseln, braucht man auf dem heimischen Sofa nur eine Fernbedienung. Nacheinander können die einzelnen Programme in einer zuvor festgelegten Reihenfolge abgerufen wurden. Schon den Schritt, einen bestimmten Sender anzusteuern, indem man die Zahl des gespeicherten Programmplatzes eingibt, nehmen viele nicht gerne auf sich. Solche Art der Bequemlichkeit gibt es im Internet für bereits gesendete Beiträge oder eigens für das Netz produzierte Inhalte faktisch nicht. Man muss sich mühsam durch unterschiedlichste Mediatheken wühlen. Bei kostenpflichtigen Streamingdiensten steht die Bezahlschranke vor dem Vergnügen. Will man rundum mit den neuesten Filmen und Serien versorgt sein, müsste man etliche Anbieter abonnieren: Von Netflix über Amazon Prime bis WOW oder Disney+ reicht die Palette, und gefühlt wurden es täglich mehr.

Einer Studie der Annalect-Agentur für datengesteuertes Online-Marketing aus der Omnicom Media Group zufolge haben 60 Prozent der Bevölkerung Schwierigkeiten, sich in der Vielzahl an Streaming-Angeboten wie Netflix & Co zurechtzufinden. »Sie hätten lieber einen Anbieter für sämtliche Inhalte«, heißt es in einem Bericht von *meedia.de* dazu. Immer mehr Menschen seien nicht bereit, sich bei mehreren Anbietern anzumelden. »Der VoD-/Streaming-Markt steht am Scheideweg«, wird Sibylle Lucke, Teamleiterin Forschung bei Annalect, zitiert: »Er hat eine Angebotsvielfalt erreicht, die die Menschen sowohl hinsichtlich Inhalten wie auch Anbietern tendenziell überfordert. Wer hier eine Allround-Lösung bietet und das richtige Augenmaß zwischen Preis, Werbung und Inhalten findet, kann den nächsten Meilenstein im VoD-/Streaming-Markt legen.«

Der Trend geht aber in eine ganz andere Richtung, wie man bei der Fußballeuropameisterschaft 2024 sehen konnte. *RTL* hatte gemeinsam mit der Telekom Rechte erworben und in Aussicht gestellt, dass viele Spiele im frei empfangbaren Fernsehen gezeigt würden. Letztlich liefen dann aber doch einige Partien exklusiv auf der Telekom-Plattform *Magenta TV*, die man erst einmal im Netz ansteuern musste.

Es wäre also hilfreich, wenn es einen virtuellen Ort gäbe, an dem qualitativ hochwertiger Inhalt gebündelt zu finden wäre. Die Idee ist nicht wirklich neu, wie so oft im Mediengeschäft. Sie wird nur nicht realisiert – ebenfalls wie so oft im Mediengeschäft. Als *ARD*-Vorsitzender hatte sich der damalige Intendant des *Bayerischen Rundfunks* Ulrich Wilhelm den Einsatz für eine solche umfassende Plattform im Netz auf die Fahnen geschrieben.

Der Medienjournalist Daniel Bouhs durfte im Januar 2018 das nach eigenen Angaben erste öffentliche Gespräch mit dem neuen *ARD*-Vorsitzenden führen. Darin sprach sich Wilhelm bereits für eine »gemeinsame Plattform für die

Inhalte etwa von Sendern und Verlagen« aus. Das könne dann auch beispielhaft für andere Länder sein. Man müsse Plattformen wie Facebook etwas entgegensetzen. Weitere Details wollte er zu diesem Zeitpunkt nicht preisgeben: »Also ich würde da seriöserweise darum bitten, dass wir in einem Jahr mal drüber reden. Dann können wir echt eine Zwischenbilanz ziehen, ob das eine lohnende Idee ist oder nicht.«

Bei *meedia.de* schloss sich der Chef des Verbandes der Zeitschriften-Verleger (VDZ) Rudolf Thiemann zwar der Kritik an Facebook an: Das sei »kein verlässlicher Partner«, weil es seinen Algorithmus »nach eigenem Belieben« ändere. Dem Vorstoß des *ARD*-Chefs für eine gemeinsame Plattform erteilte Thiemann aber eine Absage: »Ich kann mir nicht vorstellen, dass wir eine gemeinsame Plattform aufbauen. Es ist nur ein Ablenkungsmanöver des ARD-Vorsitzenden.«

Ulrich Wilhelm scheint die Idee trotzdem weiterhin als lohnend eingeschätzt zu haben. Denn *dpa* berichtete Mitte 2018 wieder über seine Forderung. Wie einst bei Airbus als europäische Antwort auf Boeing könnten Deutschland und Frankreich ein solches Projekt gemeinsam anstoßen, erklärte der Intendant. Auch Wissenschafts- und Kultureinrichtungen könnten sich an der Plattform beteiligen, hieß es. Im Interview mit *epd* umriss Wilhelm dann im Oktober 2018 sein Konzept einer »europäischen digitalen Infrastruktur«: »Eine Plattform für Qualitätsinhalte im Netz, als europäisches Gegenstück zu YouTube, allerdings mit Elementen sozialer Netzwerke wie Facebook. Zum einen geht es um qualitativ gute Inhalte der genannten Institutionen, also von Medien, Verlagen, Museen, Bildungseinrichtungen,

Universitäten, zum anderen auch um die Möglichkeit für Bürger, sich zu beteiligen.« Er beschrieb eindrücklich die Abhängigkeit von US-Plattformen, wenn man im Netz die Menschen mit Inhalten erreichen wolle: »Heute müssen wir alle auf Gedeih und Verderb unsere Inhalte an YouTube und Facebook geben. Wir brauchen eine zusätzliche Option in Europa.«

Wilhelm stieß in *meedia.de* wenige Wochen später nach, indem er dort in einem Interview sagte, er wolle im darauf folgenden Jahr eine gemeinsame Videoplattform mit den Zeitungs- und Zeitschriftenverlegern eröffnen, und auch private Sender könnten Teil davon werden: »Die Verlage könnten mit diesen Videos ihre qualitativ gute Berichterstattung ergänzen und stärken und dadurch – soweit die Redaktionen das wollen – den hohen Aufwand vermeiden, in diesem Umfang selbst Videocontent zu erstellen.«

Die Rolle von Wilhelm wird an dieser Stelle besonders gewürdigt, weil er zum Zeitpunkt der Debatte den Posten des *ARD*-Vorsitzenden innehatte und damit zugleich ein Player war, der die Arme öffnete in Richtung der Mitbewerber bei den Privatsendern und bei den ebenfalls privaten Zeitungs- und Zeitschriftenverlagen. Es war eine Debatte, die schnell an Fahrt aufgenommen hatte.

Insbesondere der Aspekt, das Projekt über Deutschland hinaus zu denken, sollte im Jahr der Europawahl 2019 für Diskussionen sorgen. Bei *epd medien* schrieb Barbara Thomaß, bis 2020 Professorin am Institut für Medienwissenschaft der Ruhruniversität Bochum, über die Idee eines »Public Open Space«, der »die Wissensbestände und das Material, das mit öffentlicher Finanzierung zustande gekommen ist, einer breiten Öffentlichkeit digital zugänglich und nutzbar machen« könne. Die öffentlich-rechtlichen Anstalten sollten dazu den Impuls geben, weitere Institutionen und aktive Bürgerinnen und Bürger könnten sich beteiligen. Eine »Gruppe von Medienwissenschaftlern und -praktikern« arbeite daran, so Thomaß, ein Konzept zu entwickeln, das »den ganzen europäischen Reichtum audiovisueller und textbasierter Inhalte vereint.« Das Konzept ist gut ein Jahr später bei der Heinrich-Böll-Stiftung veröffentlicht worden.

Forschende wie die Kommunikationswissenschaftlerin Christine Horz meldeten sich zu Wort und setzten sich für ein »Medium für die Bürgergesellschaft« ein. Statt mit »kommerziellen Zeitungsverlagen« zusammenzuarbeiten, sollten die öffentlich-rechtlichen Rundfunkanstalten lieber nach dem Vorbild der britischen *BBC* mit »gemeinwohlorientierten Institutionen« wie Kultureinrichtungen kooperieren. In der Praxis entwickelte sich das aber ganz anders. Das *ZDF* begann eine Zusammenarbeit mit der federführend von *ProSiebenSat1* betriebenen Plattform Joyn – wenngleich der damalige Intendant Thomas Bellut es ebenfalls als Traum bezeichnete, »dass es für alle in Deutschland produzierten Inhalte eine einzige Plattform gebe«. *ProSiebenSat1* wiederum schloss eine Kooperation mit Facebook zur Verbreitung von kurzen Filmen und stellte in Aussicht, künftig auch exklusiv für die Plattform Inhalte produzieren zu wollen. Und die *ARD* stellte einige ihrer Podcasts auf die von Bertelsmann (*RTL*) betriebene Plattform Audio Now.

Rund um die Europawahl 2019 meldete sich der Kommunikationsberater Johannes Hillje öffentlich zu Wort und propagierte einen »gemeinsamen Kommunikationsraum« für Europa. Unter anderem in seinem Buch »Plattform Europa« warb er für ein digitales, länderübergreifendes Netzwerk. Das sei notwendig, um eine europäische Demokratie zu erhalten und weiterzuentwickeln. Die bisherigen Debatten seien vor allem national geprägt, so Hillje. Seiner Vorstellung nach müsse es einen »europäischen Newsroom für europäische Themen« geben. Sprachbarrieren könnten dabei überwunden werden, indem mithilfe von »Künstlicher Intelligenz« schnelle Übersetzungen angefertigt werden.

Ende 2019 wurde die Debatte darüber noch einmal angeheizt. Zuvor hatte die Wettbewerbskommissarin der EU Margarethe Vestager eine Zerschlagung unter anderem von YouTube und Facebook ins Gespräch gebracht – wenige Wochen später ruderte sie wieder zurück und redete nur noch von neuen Auflagen für solche Plattformen. Der Mediensoziologe Volker Grassmuck wies darauf hin, dass bereits im Januar 2019 von Deutschland und Frankreich ein »Vertrag von Aachen« geschlossen worden sei, der eine »digitale Plattform, die sich insbesondere an junge Menschen richtet«, vorsehe. »Der politische Wille ist da«, jubilierte Grassmuck: »Die europäische digitale Öffentlichkeit hat Rückenwind.« Es sollte ein recht laues Lüftchen bleiben.

Das Ziel einer gemeinsamen europäischen Plattform wurde jedenfalls nicht konsequent weiterverfolgt, wenngleich es die Chance gewesen wäre, den US-Giganten mit ihren zuweilen intransparenten Praktiken etwas entgegenzusetzen. Nicht einmal in Deutschland wurden echte Schritte in Richtung eines Portals gemacht, das von möglichst vielen Medienanbietern veranstaltet wird. Grundsätzliche Ablehnung trifft nach wie vor auf Einzelkooperationen mit bedingter Strahlkraft.

Was ideologische Gräben angeht, ging es dabei munter durcheinander. Die öffentlich-rechtlichen Anstalten waren und sind bemüht, weiterhin ihr Publikum zu finden und deshalb die Zusammenarbeit mit privaten Sendern und ihren Mediatheken zu forcieren. So wurde eine von der *ARD* produzierte und ausgestrahlte Serie zwar zunächst in der eigenen Mediathek veröffentlicht, ein Jahr später war sie dann nur noch beim kostenpflichtigen Privatportal Netflix zu sehen. In den Folgen geht es um einen Mann, der zu Unrecht im Gefängnis sitzt und dort in der Fußballmannschaft Erfahrungen sammelt. Bei Netflix wurde die erste Staffel so häufig angeschaut, dass sie Platz Eins der deutschen Seriencharts erklomm. Für die zweite Staffel in 2024 ist Ähnliches zu erwarten.

Der Bauer Verlag kündigte unterdessen eine eigenständige Plattform für digitale Produkte an, die in Konkurrenz zu denen der Privatsender treten sollte. *RTL* bündelte seine Angebote, unterstützt durch Magazine aus dem früheren Haus »Gruner + Jahr«, in einer umfassenden Mediathek. Dazu wurde die Bezeichnung aus den Anfangstagen des Privatsenders herausgekramt: 1984 war von Bertelsmann in Deutschland ein Sender gegründet worden, der den Namen *RTL Plus* trug. Erst später wurde er in *RTL* umbenannt. Drei Jahrzehnte später ist RTL+ am Start. Für eine monatliche Pauschalzahlung wird auf der Streaming-Plattform eine riesige Auswahl an Fernsehen, Video, Musik, Podcasts, Hörbüchern und eben Magazinen angeboten. Amazone Prime verbindet sein Medienangebot mit einer speziellen »Mitgliedschaft«, die auch die Bequemlichkeit des kostenfreien Versands von Waren beinhaltet. Und *ProSiebenSat1* baut seine Plattform Joyn aus. Bert Habets, Vorstandsvorsitzender von *ProSiebenSat1*, formulierte dazu große Ziele: »Wir wollen Joyn zum Superstreamer in Deutschland, Österreich und der Schweiz ausbauen. Eine Streamingplattform für alle. So ein Angebot gibt es trotz des vollen Streamingmarkts heue noch nicht.« Die Programme von *ARD* und *ZDF* werden auf der Plattform bereits live gestreamt, in der Mediathek sind sie noch nicht vertreten. Letztlich könne Joyn aber ein »Gamechanger« sein, der alle Angebote unter einem Dach vereine, hieß es später vom Konzern gegenüber dem Fachdienst *Medieninsider*.

Die Öffentlich-Rechtlichen und die Privaten wollen aber jeweils die Federführung bei solchen Projekten nicht aufgeben. *ARD* und *ZDF* (und im Audiobereich auch das *Deutschlandradio*) ringen um ihre besondere Rolle in der Gesellschaft und die damit zusammenhänge Finanzierung durch den Rundfunkbeitrag. Dass die von den Bürgerinnen und Bürgern finanzierten Angebote breite Akzeptanz genießen, ist ihnen wichtiger denn je – sehen sie doch angesichts so mancher politischen Diskussion sonst ihren eigenen Fortbestand in Gefahr. Zwar ist der grundsätzlich verfassungsrechtlich abgesichert, es gibt aber immer mehr politische Kräfte, die das in Frage stellen. Die Privaten wiederum wollen und müssen sich über Einnahmen wie Nutzungsbeiträge und Werbung finanzieren, und sie verfolgen das nachvollziehbare Ziel, mit ihrem jeweiligen Unternehmen ein möglichst großes Stück vom Kuchen abzubekommen.

So ist es auch kein Wunder, dass der Deutschlandchef von *RTL* Stephan Schmitter die Öffentlich-Rechtlichen dazu auffordert, lieber bei ihnen zu streamen als bei anderen Anbietern. Insbesondere hat Schmitter dabei Portale wie Tik-Tok oder YouTube im Auge, weil die Veröffentlichung von Filmen dort diese konkurrierenden Plattformen nur noch größer mache. Wenig später allerdings verkündete *RTL*, dass es die eigene Präsenz bei YouTube ausbauen wolle, weil dort ein Publikum zu erreichen sei, das lineares Fernsehprogramm nicht mehr konsumiere. Freilich sollte es dabei vor allem um »Snackable Content« in Form von Ausschnitten der eigenen Programminhalte gehen. *ARD*-Vorsitzender Kai Gniffke bezeichnete es wiederum gegenüber *dpa* als »unglaublich interessant«, über eine Plattform zusammen mit kommerziell betriebenen Medienhäusern zu sprechen. Erst einmal setzt aber auch Gniffke auf Inhouse-Lösungen.

So sollen zunächst die Mediatheken von *ARD* und *ZDF* intensiver kooperieren. Für das erste Quartal 2025 ist vorgesehen, die technischen Voraussetzungen für einen gemeinsamen Auftritt zu schaffen – wenngleich die beiden Angebote »zugleich weiterhin eigenständig« bleiben sollen. Für die technische Seite des Projekts planen die beiden Anstalten, eine Tochterfirma zu gründen, was allerdings eine Anpassung der Gesetze voraussetze. Die dort entwickelte Software soll dann später auch als »Open Source« anderen Anbietern zur Verfügung stehen.

Der »unglaublich interessante« Knackpunkt bei solchen Kooperationen dürfte gerade auf Seiten der privaten Medienunternehmen an der Stelle liegen, wo diese Geld verdienen müssen. Da dürften manche Ansätze für die Öffentlich-Rechtlichen schwierig mitzugehen sein. Bei RTL+ ist beispielsweise ein Pilotprojekt gestartet worden, bei dem innerhalb des Streamings interaktive Werbekampagnen laufen. Der Medienfachdienst *turi2.de* berichtete im Frühjahr 2024 darüber, dass fortan in Folgen von »Gute Zeiten, schlechte Zeiten« Produkte des Onlinemodehändlers Zalando gezeigt werden, die dann direkt über eine App erworben werden können.

Letztlich wird man auch darüber nachdenken müssen, inwieweit gemeinsame Plattformen kartellrechtlich in Deutschland überhaupt zulässig sind. Mit »Germany's Gold« hatten *ARD* und *ZDF* schon einmal einen Versuch gewagt, zum Beispiel Archivmaterial im Digitalen zu vermarkten, und er wurde wie auch eine geplante gemeinsame Plattform von *RTL* und *ProSiebenSat1* gerichtlich verboten. Christiane Schenderlein, Sprecherin für Kultur und Medien der CDU/CSU-Bundestagsfraktion, und Oliver Schenk (CDU), Chef der sächsischen Staatskanzlei, plädierten deshalb in einem Beitrag für die *FAZ* dafür, die Regeln zu lockern. »Zuletzt haben Dienste wie Netflix, Disney+ und Amazon-Prime ihre Angebote für Werbung geöffnet und greifen damit die klassische TV-Werbung an«, hieß es in dem Gastartikel, und es wurde gefordert: »Auf diese Verschiebung des Werbemarkts zugunsten der Plattformen müssen die Verlage, Radio- und Fernsehsender reagieren.« Auch die Ideen eines europäischen Plattformsystems, das aus einem Streaming-Netzwerk von *ARD* und *ZDF* hervorgehen könnte, und die Beteiligung von »Kultur-, Bildungs- und Wissenschaftseinrichtungen, die mit dem Begriff »Public Open Space« umschrieben werden«, nannten von Schenk und Schenderlein in dem Artikel als Visionen.

Um insbesondere journalistische Formate auch abseits linearer Sendewege sowohl im Audio- als auch im Videobereich einer breiten Bevölkerung zur Verfügung zu stellen, wird insgesamt über neue Wege nachgedacht werden müssen. Wollen die sich beteiligten Unternehmen und Anstalten weiterhin als Massenmedien definieren, werden sie um intensivere und kooperativere Wege im Internet nicht herumkommen. Dazu zählen dann auch Verwertungsketten,

mit denen jeweils die eigene Marke betont wird. Dass die öffentlich-rechtlichen Sender mit ihrem Jugendangebot *Funk*
im Netz aktiv sind, ist daher sicher sinnvoll. Ob sie aber in
erheblichem Umfang sogar eigenständige Produktionen für
die großen Plattformen wie YouTube, TikTok, Facebook
oder Instagram erstellen müssen, wird noch zu kontrover-
sen politischen und gesellschaftlichen Diskussionen führen.
Denn klar ist, dass die Etats der traditionellen Verbreitungs-
wege Radio und Fernsehen sinken. Und wo weniger Geld
ausgegeben wird, kann die Qualität dadurch zumindest
nicht besser werden, eher im Gegenteil.

In der Medienbranche gibt es kluge Köpfe aber auch
außerhalb der traditionsreichen Häuser. Die Schwellen für
Veröffentlichungen jeder Art sind gesunken, und damit auch
die für journalistische Publikationen. In manchen Städten
und Regionen ruht genau darauf die Zukunftshoffnung:
Dass Wagemutige die Lücken füllen, die durch eine redu-
zierte Lokalberichterstattung von denen gerissen werden,
die damit lange Zeit viel Geld verdient haben und jetzt fast
nur noch das Sparen als redaktionelle Leitlinie verfolgen.
So gründen sich immer häufiger Blogs und Newsseiten, die
aus dem Nahbereich berichten, und das zuweilen auf hohem
Niveau. In vielen Fällen sind es sogar ehemalige Zeitungs-
leute, die das Abenteuer wagen. Gleichwohl haben auch solche jungen Unternehmen mit den Herausforderungen der
Branche zu kämpfen.

Bevor der renommierte Medienforscher Horst Röper
2018 in den Ruhestand ging, gab er dem *Tagesspiegel* ein Interview, in dem er die Situation neuer lokaljournalistischer
Angebote beschrieb. Einzige Finanzierungsquelle war zu
diesem Zeitpunkt die Werbung, und die reichte nach den

intensiven Beobachtungen von Röper nicht aus: »Die Kollegen sagen ganz offen, was sie da betreiben, ist Selbstausbeutung.« Das war wie gesagt im Jahr 2018, also in Zeiten der digitalen Transformation eine kleine Ewigkeit her.

Inzwischen gibt es eine Vielzahl an Projekten und Initiativen im Netz, um Journalismus zukunftsfähig zu machen. Ein Vorbild war in den Niederlanden das Portal *De Correspondent*, das innerhalb von kürzester Zeit mit einem Crowdfunding Millionen an Startkapital einsammelte – also mithilfe von Spenderinnen und Spendern, die über das Internet angeworben wurden. Die Webseite konzentriert sich auf lange Hintergrundartikel und finanziert sich vor allem über Abo-Einnahmen sowie Buchverkäufe und eine Redneragentur. Ein ähnliches Projekt wurde mit dem Onlinemagazin *Krautreporter* in Deutschland gestartet. Das Recherchenetzwerk *Correctiv* setzt auf Spenden und die Veröffentlichung seiner journalistischen Produkte in Kooperation mit großen Medienhäusern. Aber auch dort sind selbst herausgegebene Bücher und Schulungen wichtige Säulen. Mit der »Reporterfabrik« soll Bürgerinnen und Bürgern Medienkompetenz vermittelt werden, auch um selbst aktiv zu werden, wo beispielsweise lokaljournalistische Angebote fehlen. *Correctiv* ist dabei gemeinnützig, das heißt, man kann Spenden von der Steuer absetzen. Der Organisation ist es gelungen, einen Weg im Dickicht der Steuergesetzgebung zu finden, denn eigentlich zählt Journalismus nicht zu den steuerlich »begünstigten« Tätigkeiten. Auch andere Stiftungen sind durchaus bereit, Journalismus mehr oder weniger direkt zu fördern. Ein Beispiel ist die »Deutsche Postcode Lotterie«, die Bürgerjournalismus beim Projekt karla in Konstanz unterstützt. Andere versuchen es mit Unterstützungsaufrufen an ihre Follower. Portale wie Patreon verwalten die Zahlungen, die die Konsumierenden leisten, und ermöglichen so einfache Modelle zur Vermarktung von Journalismus.

In vermarktungstechnisch größeren Dimensionen denken Neugründungen wie *Table Media* oder *The Pioneer*, die auf vertiefte Berichterstattung und Analysen setzen. In den USA startete unterdessen einst die *Huffington Post* als reine Onlinezeitung, die jedoch schnell in die öffentliche Kritik geriet, weil sie zunächst umfassend auf Bloggerinnen und Blogger setzte, die nicht bezahlt wurden. Der Versuch einer Expansion des später angepassten Modells nach Deutschland mit dem Burda-Verlag als Partner scheiterte jedoch. Bahnbrechenden Erfolg hatte dagegen *t-online.de*, das zunächst durch eine Kooperation mit dem ZDF versuchte, seine mittels des Mailprogramms große Nutzerschaft auch mit Nachrichten zu versorgen. Letztlich gründete das Unternehmen Ströer, dem das Portal heute gehört, eine eigene Redaktion und holte sich mit Florian Harms einen Chefredakteur, der bereits beim bisherigen Platzhirsch *Spiegel Online* geglänzt hatte. Längst spielt *t-online.de* in der Spitzenliga der Nachrichtenwebseiten mit enormer Reichweite mit. Andere Webmailportale wie gmx oder yahoo probieren Ähnliches, sind aber nicht annähernd so erfolgreich. Es gibt viele weitere Beispiele für Versuche, in der digitalen Welt mit dem Schwerpunkt auf Textangebote Publikum zu generieren und Geld zu verdienen.

Dafür etablieren sich mehr und mehr Influencer, die per Video auch journalistische Themen aufgreifen. Der Musiker Rezo, der als Wiedererkennungseffekt einen Teil seiner Haare blau gefärbt trägt, hatte mit mehreren Filmen ein großes Publikum erreicht und erhielt sogar den Nannen-Journalistenpreis. Bei *Frevee*, dem Gratisvideokanal von Amazon, klärt er nun über Desinfomation auf. Das entsprechende Format wird finanziell gefördert von der Bundeszentrale für Politische Bildung. Es ist nicht das erste Mal, dass die staatliche Institution solche TV- oder Videoformate unterstützt.

Ob Rezo tatsächlich ein Journalist ist, wurde in der Öffentlichkeit breit diskutiert, schließlich spitzt er seine mit Quellen belegten und begründeten Meinungen zuweilen sehr zu. Letztlich ist das aber ein Trend, dem sich auch etablierte Medienmacher nicht verschließen können. Die Symbiose aus Information und Entertainment – auch Infotainment genannt – findet im Internet besonderen Anklang. In einer Studie stellten Forschende der Universität zu Köln im Jahr 2013 auch fest, dass es bei Influencern auf der Plattform Instagram in erster Linie auf die Expertise ankommt. Bei ihrer Befragung fanden sie heraus, dass für die Beurteilung der Glaubwürdigkeit nicht ausschlaggebend ist, ob es sich um eine Nachrichtenseite oder um Influencerinnen und Influencer handelt.

Etwas tiefer wurde diese Entwicklung in einer qualitativen Studie im Rahmen des Projekts #UseTheNews im Jahr 2022 betrachtet, in der Jugendliche Auskunft darüber geben, wie sie sich im Internet informieren. Zwar werden die Accounts von Nachrichtenanbietern als »seriös« und »vertrauenswürdig« bezeichnet, gleichwohl würden Influencerinnen und Influencer bei Social Media mehr »auf Augenhöhe« kommunizieren und somit eine Informations- und Vermittlungsfunktion haben. Zugleich sei den Jugendlichen aber auch bewusst, dass diese häufig nur ihre persönliche Meinung äußerten und diese »nicht zwingend auf sachkundig und gut recherchierten Fakten« basiere. Der Kommunikationswissenschaftler Marcus Bösch ging in einem Interview mit der *FAZ* sogar so weit, die Nähe von Quellen zum öffentlich-rechtlichen Netzwerk *Funk* aus der Sicht der jungen Menschen als »Red Flag« zu bezeichnen: »Das heißt, eine junge Zielgruppe sieht: Oh, das hat was mit den öffentlich-rechtlichen Medien zu tun, und denkt sich: Das ist nichts für mich. Ich will meine Informationen lieber von einem Creator beziehen.« Andererseits feiert mit Johanna Rüdiger eine Vertreterin der steuerfinanzierten *Deutschen Welle (DW)* als seriöse Journalismus-Influencerin durchaus Erfolge bei TikTok und Instagram. Hunderttausende folgen ihr, weil sie auf Englisch vor allem politische Themen aus Deutschland aufbereitet.

»Künstliche Intelligenz« (KI) kann in der notwendigen Transformation all dieser Arten von Veröffentlichung hilfreich sein. Auf die damit verbundenen Gefahren wird an späterer Stelle in diesem Buch eingegangen, hier soll es zunächst darum gehen, wie die noch recht neue Software den Journalismus unterstützen kann. Als mit ChatGPT eine solche Anwendung erstmals für den Massenmarkt veröffentlicht wurde, hatten viele nicht auf dem Schirm, dass solche generativen Anwendungen in manchen Bereichen schon längst gang und gäbe sind. Stupide Aufgaben können durchaus an solche digitalen Hilfsmittel ausgelagert werden, auch und gerade im Medienbereich. Deshalb ist es auch nicht sinnvoll, KI gänzlich zu verteufeln.

So können Interviews leichter transkribiert und übersetzt werden. Weil die Sprachmodelle noch recht fehleranfällig sind, ist immer ein kritischer menschlicher Blick auf die Resultate erforderlich. Vorgefertigte Beiträge an Social Media anzupassen und sie dort einzustellen, kann mit KI erleichtert beziehungsweise weitgehend automatisiert werden. Umgekehrt können aus unermesslichen Datenmengen in den sozialen Netzwerken Trends, Geschichten und potenzielle Interviewpartner herausgefiltert werden. Große Mengen an Daten und Dokumenten zu analysieren, ist eine weitere Stärke solcher Computerprogramme. Dazu gehört auch die Erfassung wertvoller Archive in den Medienhäusern. »Die händische Eingabe durch die Redaktion entfällt. Derartige Verschlagwortungshilfen sind für Texte, Bilder/ Videos (zum Beispiel durch Gesichtserkennung) und Audio im Einsatz«, heißt es dazu etwa in einem Impulspapier der Friedrich-Ebert-Stiftung: »Zudem testen Medienhäuser, wie bestehende Archive mithilfe von KI-Technologie schneller und einfacher zugänglich gemacht werden können.«

Freilich müssen bei all diesen Anwendungen zunächst gute Anweisungen gegeben werden, um die gewünschten Ergebnisse zu erhalten. Da entsteht auch im Journalismus gerade ein neuer Berufszweig, der spezielle Kenntnisse und Fertigkeiten erfordert. Mit sogenannten »Prompts« werden Vorgaben formuliert und angepasst. Diese Fragen oder Anweisungen müssen kenntnisreich, intelligent und präzise aufgestellt werden, damit die Maschinen sie »verstehen« und entsprechend arbeiten können.

Letztlich gibt es aber auch die Möglichkeit, Sendungen teilweise oder komplett KI-generiert zu planen, zu produzieren und auszuspielen. So manches Angebot wird schon heute von Avataren präsentiert, was die Identifikation mit denen, die den Beruf Journalismus ausüben, nicht gerade erhöht. Für Nutzerinnen und Nutzer besteht die Möglichkeit, die bisherigen Algorithmen noch zu verfeinern und die ausgespielten Angebote auf dem Endgerät noch zielgenauer auf die eigenen Interessen maßzuschneidern. »Diese empfohlenen Artikel werden von einer KI im Hintergrund gesteuert und ausgespielt, die KI wertet die bisherigen Nutzungsgewohnheiten der einzelnen Personen aus und produziert mit diesem Wissen ein passgenaues Angebot«, heißt es dazu bei der Friedrich-Ebert-Stiftung.

Die Möglichkeiten, die KI den Redaktionen bietet, werden sich rasant entwickeln. Sie werden Begehrlichkeiten wecken, sowohl positiver als auch negativer Art. »Technologie-Offenheit« ist dabei absolut notwendig, sonst wird kaum ein Medienhaus die Chance haben, im Wettbewerb zu bestehen. Lästige und letztlich unterfordernde Routineaufgaben können von den Computern übernommen werden, was Kapazitäten für Recherchen und Reportagen freisetzen kann – vorausgesetzt, es geht in den Chefetagen der Medienbranche nicht alleine um den maximalen Gewinn, sondern auch um den Erhalt des Kulturguts Journalismus. Es wird daher wesentlich darauf ankommen, wie viel menschengemachter Journalismus künftig in den Produkten steckt.

3.
Gefahren für den Journalismus heute

Der Medienforscher Stephan Russ-Mohl warnt bereits vor einer »desinformierten Gesellschaft«. Dafür macht er einerseits die Glaubwürdigkeitskrise des Journalismus verantwortlich, andererseits aber auch das »Kaputtsparen« von Redaktionen. Dadurch konzentriere sich die Berichterstattung bei einem Großteil der Medien auf dieselben Themen, und anspruchsvolle investigative Recherchen würden sich nicht mehr lohnen. Wie schwer sich traditionelle Zeitungsverlage getan haben, das Internet ernst zu nehmen und dort konsequent Geld zu verdienen, wurde bereits gezeigt. Das Dilemma ist aber noch viel größer. Bei den in die digitale Welt verschwindenden Kleinanzeigen hatten einige Verlage durchaus die Idee, dem etwas entgegenzusetzen. Mit kalaydo.de kamen sie zwar recht spät, sie hätten aber immerhin eine Chance haben können. Hier verzichteten sie aber auf konsequentes Marketing. Dem Platzhirsch Ebay konnten sie damit nicht mehr gefährlich werden. Schließlich graben sich manche Begrifflichkeiten vor allem durch Werbung tief in unsere Gewohnheiten und auch in unseren Sprachgebrauch ein. Wenn man ein Papiertaschentuch haben möchte, fragt man wie selbstverständlich nach einem »Tempo«. Obwohl die tatsächlich verwendeten Tücher oft gar nicht von der Marke sind, werden sie von uns so bezeichnet. Das Synonym hat sich in den Alltagsgebrauch eingeschlichen. Ein echter

Erfolg der Reklame-Menschen! Ähnlich sieht es aus, wenn es darum geht, Gebrauchtes im Netz zu verkaufen. Ebay hat sich mit einem enormen Aufwand als Marke bekannt gemacht, Unsummen in Fernsehwerbung investiert – und es geschafft, zu einem Synonym zu werden. Wer sich zu Hause von Gegenständen trennen möchte, denkt heutzutage in erster Linie an Ebay und nicht etwa an eine Anzeige in einer Tageszeitung. Das war selbst so, als für den Verkauf bei Ebay noch Gebühren kassiert wurden (inzwischen ist das für private Zwecke kostenlos). Bei kalaydo.de war das anders: Die deutschen Zeitungsverlage konnten sich (wieder einmal) nicht zusammenraufen, die Zahl der bundesweiten Partnerinnen und Partner blieb übersichtlich. Und echtes Risikokapital in nennenswerter Höhe wurde auch nicht aufgewendet. Dabei hatte man zu diesem Zeitpunkt noch die Reichweite bei den Tageszeitungen, um den Leserinnen und Lesern das digitale Angebot privater Verkäufe und Kleinanzeigen aus vertrautem Hause schmackhaft zu machen.

Die Gründe dafür sind vielfältig. »Verleger gönnen sich gegenseitig nicht das Schwarze unter dem Fingernagel«, heißt es manchmal. Eifersüchtig wird darauf geachtet, dass man sich in bestimmten Städten und Regionen keine Konkurrenz macht. Die Gebiete sind klar abgesteckt. Wer es wagt, in den Macht- und Marktbereich des Anderen einzudringen, wird geächtet und bekämpft. »Konkurrenz belebt das Geschäft« gilt auf dem Tageszeitungsmarkt oft nicht. Eitelkeiten und Profitgier verhindern an so mancher Stelle die Vielfalt, die für eine breit gefächerte Berichterstattung eigentlich wünschenswert wäre.

Die traditionell oft patriarchalisch auftretenden Regionalverleger verbündeten sich auch dann nicht, als US-ame-

rikanische Mega-Unternehmen drohten, ihren Markt anzu-
greifen. Selbst als Angebote wie von Google, Facebook oder
Ebay längst auch in Deutschland erfolgreich wurden, hieß
die Devise: Abwarten! Die Abneigung gegen das Internet
reichte in manchen Häusern so weit, dass im redaktionellen Text nicht auf Webseiten hingewiesen werden durfte.
Wollte man nicht das ganze Programm beispielsweise eines
mehrtägigen Schützenfests in der Zeitung abdrucken, war
es ausdrücklich verboten, den Link zur Internetseite des
gastgebenden Vereins zu erwähnen. Man wollte die Leserinnen und Leser im eigenen Medium halten, sich gegen die
Außenwelt abschotten. Funktioniert hat das nicht.

Umso wichtiger erscheint es jetzt, neue Einnahmequel-
len zu erschließen. Digitale Abonnements werden immer
relevanter, und sie tragen vor allem zur Regelmäßigkeit
und Planbarkeit der Einnahmen bei. Wenn man in den Redaktionen qualifizierte Menschen fest und sozialversiche-
rungspflichtig anstellen möchte, bieten Abonnements eine
zuverlässige Quelle, um solche Arbeitsverhältnisse auch finanzieren zu können. Gleichwohl gibt es viele, die sich nicht
an ein dauerhaftes Abonnement binden möchten.

Gefährlich wird eine mangelnde Zahlungsbereitschaft
auch, weil auf diese Weise ein Einfallstor für notleiden-
de Medienhäuser geöffnet werden könnte, wenn es darum
geht, Geld zu nehmen für zwielichtige Geschäfte oder gar
für handfeste Manipulationen. So hat Daniel Pecker, der
ehemalige Chef des Boulevardblatts *National Enquirer* in
den USA, im Prozess gegen Ex-Präsident Donald Trump
ausgesagt, er habe für ihn die Strategie »Catch and Kill«
vollzogen. Dabei geht es darum, Informationen anzukaufen,
recherchieren zu lassen – und dann bewusst nicht zu ver-

öffentlichen, um den Beschuldigten zu schützen. Wer das entsprechende Geld annimmt, verpflichtet sich bei solchen Deals offenbar dazu, die Informationen nicht an andere Medien oder an die Öffentlichkeit weiterzugeben. So ist es im Fall Trump anscheinend gelungen, Informantinnen und Informanten mundtot zu machen. Für seine belastenden Aussagen sicherte die Staatsanwaltschaft Pecker Medienberichten zufolge Immunität zu. Das heißt, er kann für seine entsprechenden Handlungen nicht mehr bestraft werden. Dabei sind sie ein klarer Verrat an der Pressefreiheit.

In Deutschland wäre ein solches Vorgehen zumindest nicht undenkbar. Die Vorschriften im Pressekodex, einer Selbstverpflichtung von Tageszeitungen und Onlinemedien, regeln zwar sogenannte Exklusivverträge. Darin wird ausdrücklich untersagt, »die Unterrichtung der Öffentlichkeit über Vorgänge oder Ereignisse, die für die Meinungs- und Willensbildung wesentlich sind,« durch solche Vereinbarungen einzuschränken oder zu verhindern. In diesem Zusammenhang dürfen Informierende auch nicht abgeschirmt werden. An anderer Stelle wiederum heißt es: »Wer sich für die Verbreitung oder Unterdrückung von Nachrichten bestechen lässt, handelt unehrenhaft und berufswidrig.«

Nun ist das Regelwerk des Deutschen Presserates aber eben bloß ein relativ unverbindlicher Kodex, zuweilen auch als »zahnloser Tiger« verspottet. Denn wer vorsätzlich gegen die ethischen Berufshinweise verstößt, hat im schlimmsten Fall eine öffentliche Rüge zu befürchten. Strafrechtlich dürfte zumindest in der privat organisierten Medienlandschaft auch keine Sanktion drohen. Dass jemand mit viel Geld Nachrichten aufkauft, um sie letztlich zu unterdrücken, wäre also ein lukratives Geschäftsmodell. In wirtschaftlich schwierigen Zeiten ist das eine klassische Falle. Das kennt man aus der Korruptionsforschung. Wer kurz vor der Pleite steht, dehnt gerne mal die gesetzlichen Vorschriften, um doch noch irgendwie rettende Einnahmen zu generieren. Geldgeber wie Trump oder Akteure mit undemokratischen Zielen könnten dann bestimmten, was berichtet wird und was nicht.

Im Bereich der Printmedien, also der Tages- und Wochenzeitungen sowie der Illustrierten und Magazine, sind es eine Reihe von Faktoren, die in der jüngeren Vergangenheit enormen finanziellen Druck aufgebaut haben. Zum einen geht es dabei um die Seite der Einnahmen. Traditionell leben diese Medien vor zwei wichtigen Säulen: Der Bezahlung durch die Leserinnen und Leser sowie den Erlösen, die durch Werbeanzeigen eingenommen werden. Bei den Abonnements und Einzelverkäufen zum Beispiel an Kiosken zeigt sich eine abnehmende Tendenz. Immer weniger Menschen sind bereit, für Informationen auf Papier Geld auszugeben. Dadurch sinken die Auflagen, was wiederum negative Auswirkungen auf die Anzeigenpreise hat. Wenn Unternehmen wissen, dass sie weniger Interessierte durch die Printprodukte erreichen, sind sie auch nicht bereit, dafür große Summen auszugeben. Außerdem sind zunehmend viele der Überzeugung, dass sie bei digitalen Angeboten ihre Zielgruppen datengetrieben direkter adressieren können. So manche Regionalzeitung hat deshalb harte Sparprogramme aufgelegt, außerdem wurde die Zahl der redaktionell Mitarbeitenden reduziert. Hinzu kommt, dass Zeitungstitel ausgehöhlt und zu »Zombie-Zeitungen« werden. Letzteres steht für den Trend, an einem Ort Tageszeitungen unter verschiedenen Titeln herauszugeben, die vom Inhalt her gleich sind. So manches Blatt kauft den überregionalen »Mantel« bei einem anderen Medienunternehmen ein und die Lokalberichterstattung bei der vermeintlichen Konkurrenz vor Ort. Mit publizistischer Vielfalt hat das nicht mehr viel zu tun.

Immerhin sticht die renommierte Wochenzeitung *Die Zeit* positiv hervor. Sie meldet beharrlich in jedem Quartal steigende Auflagen. Anfang 2024 wurde mehr als eine halbe Million an Abonnements und Einzelverkäufen gemeldet, davon fast die Hälfte im Digitalgeschäft. Es gibt also offenbar ein Bedürfnis nach gut recherchierter und aufbereiteter Information – aber nicht mehr in der Masse, nicht mehr unbedingt auf Papier und erst recht nicht in dieser Form im lokalen oder regionalen Nahbereich.

Um Menschen dazu zu bewegen, tatsächlich Geld für Journalismus auszugeben, wird es wichtig sein, das Produktversprechen zu konkretisieren. Es gibt unterschiedliche Erhebungen darüber, ob Menschen überhaupt bereit sind, im Internet für Informationen und Nachrichten zu bezahlen. Eine Studie des »Brand Science Institute« kam zu dem Ergebnis, dass nur etwa ein Fünftel grundsätzlich damit einverstanden wäre. Für angemessen halte man 10,24 Euro im Monat – deutlich weniger als übliche Abonnements kosten. Und sobald in einer Nachrichtenredaktion KI eingesetzt wird, schwindet die Zahlungsbereitschaft offensichtlich rapide um 30 Prozent.

Wenn nur jede und jeder Fünfte bereit ist, für journalistische Inhalte zu bezahlen, bedeutet das im Umkehrschluss, dass 80 Prozent der Bevölkerung dazu nicht bereit sind. In den USA hatten schon im Jahr 2017 mehr als die Hälfte der Befragten angegeben, für News im Netz durchaus auch Geld ausgeben zu wollen. Gerade in Deutschland ist aber die Meinung weit verbreitet, dass alles kostenlos sein müsse, was im Internet zu finden sei. Bereits im Jahr 2019 war im Reuters Digital News Report darauf hingewiesen worden, dass sich Userinnen und User von Bezahlschranken zunehmend genervt fühlen könnten.

Werbung wird für den »Gratiskonsum« journalistischer Produkte dann meist in Kauf genommen, und dass man umfassend seine Daten ausspähen lässt, scheint die Meisten nicht zu stören. Erinnert man sich daran, wie dramatisch die Proteste gegen die staatliche Volkszählung im Jahr 1981 noch waren, ist das schwierig nachzuvollziehen. Die Menschen, die damals ehrenamtlich für eine kleine Aufwandsentschädigung von Tür zu Tür gegangen sind, um aus heutiger Sicht vergleichsweise harmlose persönliche Daten abzufragen, wurden oft beleidigt oder sogar angegriffen. Man war besorgt um den Datenschutz, wollte nicht, dass der Staat in den Besitz allzu vieler Informationen kommt. Heute dagegen hat man offenbar nahezu keine Probleme mehr damit, dass nicht etwa ein demokratisch organisierter Staat, sondern dass privatwirtschaftlich orientierte Unternehmen uns gründlicher ausspähen denn je. Dabei geht es nicht nur um allgemeine Daten. Denn diese werden munter verknüpft mit persönlichsten Informationen: Was man gekauft oder auch nur im Netz ausgeschaut hat, welche Emotionen man geäußert hat. Das ist viel tiefgreifender als jede Volkszählung. Wir bezahlen mit unseren Daten, machen uns das aber nicht bewusst. Digitale Souveränität sieht anders aus.

Aber auch Journalismus kostet Geld. Man kann die Produkte nicht verschenken, und es würde der Glaubwürdigkeit dieses Berufsstandes nicht förderlich sein, wenn die

Nutzerinnen und Nutzer quasi digital »nackig« gemacht, also all ihre Daten ausgespäht und vermarktet werden. Insofern ist die sauberste Lösung nach wie vor, für redaktionelle Veröffentlichungen Geld zu nehmen. Werbung kann da nur einen Teil finanzieren. Schließlich hat sich die traditionelle Vermarktung von (Qualitäts-) Journalismus auch meist auf die zusätzliche Säule der Vertriebseinnahmen gestützt. Der Vertrieb im Netz aber ist auch aufgrund der Fehler in den Anfangszeiten des Internet holprig angelaufen. Letztlich gibt es zwei grundsätzliche Möglichkeiten zur Monetarisierung von Inhalten in der digitalen Welt: Abonnements und Einzelverkäufe. Die Medienhäuser experimentieren da mit unterschiedlichen Modellen, das Abonnement bleibt aber bisher die wichtigste Säule.

In einem Forschungsprojekt haben Universität zu Köln, Bauhaus-Universität Weimar und Landesmedienanstalt Nordrhein-Westfalen bereits 2019 festgestellt, dass für »reine Informationen« allerdings keine Zahlungsbereitschaft besteht. Stattdessen wird von den Forschenden empfohlen, »Nutzwertjournalismus« in den Mittelpunkt zu stellen. Auch in dieser Studie wird die Auffassung bestätigt, dass es in der digitalen Welt eigentlich alles umsonst geben müsse: »Über 75 Prozent der Befragten geben an, dass es die Grundidee des Internets sei, Informationen über kostenlose Wege zu verbreiten.«

Zuvor hatte bereits der renommierte Medienwissenschaftler Otfried Jarren darauf hingewiesen, dass »Paywalls« nur dort erfolgreich sein könnten, »wo spezifische Leistungen für bestimmte Gruppen bereitgestellt werden«. Ein Grund dafür sei auch, dass es einen »Überfluss an digitalen Angeboten« gebe. Eine »einheitliche Basis- oder gar

Grundversorgung« finde damit aber nicht mehr statt. Ähnlich äußerte sich der Digitalberater Thomas Knüwer: »Zum einen wurden die Zeitungen durch die überteuerten Preise für die am wenigsten Begüterten unerschwinglich. Zum anderen wurde die Probleme bestimmter Gruppen nicht mehr thematisiert, weil ihre Mitglieder nicht mehr zur Zielgruppe der Zeitungen (oder vielmehr der Werbekunden) zählten. Was daraus entstand, war ein Niemandsland der Information.«

Knüwer gilt als besonders meinungsstarker Verfechter der Kostenloskultur im Netz. Er plädierte beispielsweise auf dem Portal indiskretionehreansache.de dafür, dass sich Journalistinnen und Journalisten »mit Händen und Füßen gegen Paid Content wehren müssen«. Für die Demokratie sei es wichtig, dass Informationen für alle zugänglich seien – »und nicht nur für diejenigen, die sich diese Informationen leisten können«. Wer behaupte, Journalismus müsse Geld kosten, leiste damit einen Beitrag zur Spaltung der Gesellschaft. Seine Ideen erläuterte Thomas Knüwer auch bei einem Auftritt auf der Fachveranstaltung »re:publica« im Jahr 2023. Das Video von dem gesamten Vortrag ist bei YouTube dokumentiert. Seine Überzeugung ist offenbar, dass Onlinewerbung den Journalismus nachhaltig finanzieren könne. In diesem Zusammenhang regt er an, dass nicht mehr der einzelne Klick bezahlt wird, sondern sich die Summe der Werbegelder an der Verweildauer bei einem redaktionellen Digitalangebot orientiere.

Die Vorstellungen von Knüwer stehen durchaus repräsentativ für viele Nutzerinnen und Nutzer des Internet. In einem Punkt haben Medienunternehmen durchaus schon darauf reagiert: Bei Katastrophen wurde schon in der Vergangenheit immer wieder auf Bezahlschranken verzichtet, damit möglichst alle informiert werden können. Problematisch dürfte allerdings die von Knüwer vorgeschlagene Fokussierung allein auf Werbung sein. Wenn immer mehr Unternehmen auf eigene Newsrooms und Publikationen, auch im Netz, setzen, warum sollten sie dann zugleich noch unabhängigen Journalismus finanzieren, der im Zweifel auch kritisch über die eigenen Produkte oder Dienstleistungen berichtet? In der Studie »Content Marketing: Wie ›Unternehmensjournalisten‹ die öffentliche Meinung beeinflussen« hat Lutz Frühbrodt, Publizist, Medienkritiker und Professor für Fachjournalismus und Unternehmenskommunikation an der Hochschule Würzburg-Schweinfurt, für die Otto-Brenner-Stiftung im Jahr 2016 umfangreich beschrieben, wohin die Reise geht. Als Gegensatz zu »paid media« sieht er die »owned media«, also Veröffentlichungen, die zwar im journalistischen Gewand daherkommen, tatsächlich aber in der Verantwortung der Unternehmen stehen, die sie herausgeben. Als Vorbild habe damals der Konzern »Red Bull« gegolten, der seine »Botschaften« entsprechend verpackte, um die »Aufnahmebereitschaft« des Publikums zu steigern. Ähnliches gilt für Publikationen, die von politischen Parteien herausgegeben werden. Im »Journalistenbarometer« von Marketagentur und Leisure Communications beklagten befragte Journalistinnen und Journalisten, dass die parteieigenen Medien deutlich höhere finanzielle Ressourcen hätten als die klassischen Medien, die sich auf dem freien Markt in finanzieller Hinsicht behaupten müssten.

Der Journalismus hat sein Quasimonopol verloren, für die Bevölkerung die Realität zu beschreiben und somit auch zu konstruieren. Schon Bertolt Brecht hatte in seiner Radiotheorie die Idee entworfen, dass sich alle Bürgerinnen und Bürger in einem Massenmedium äußern könnten. Der damals immer weiter verbreitete Hörfunk (Fernsehen gab es noch nicht als konkurrierendes Massenmedium) sollte nach Vorstellung des Schriftstellers nicht mehr ein reiner Distributions-, sondern ein echter Kommunikationskanal werden. Senden sollte keinem kleinen Kreis von Profis vorbehalten sein. Er hätte wohl nicht damit gerechnet, dass die sozialen Netzwerke eines Tages einen solchen Rückkanal bieten würden – was allerdings nicht wie gewünscht zur Stabilisierung einer aufgeklärten (und aufklärenden), demokratischen Öffentlichkeit beitragen sollte. In sozialen Netzwerken konkurriert die Konstruktion von Realität auf der Seite des Journalismus mit ebensolchen Ansätzen derer, die sich um Fakten einen Teufel scheren. »Brecht auf Speed« haben das die Medienwissenschaftler Leif Kramp und Stephan Weichert zurecht genannt. Sie wiesen in einem Beitrag für *meedia. de* darauf hin, dass die Aggressivität und Lautstärke der digitalen Debattenkultur medienhistorisch »völlig Neuland« sei: »Der Traum von der Weisheit der Vielen ist ausgerechnet mit Beginn des Digitalisierungszeitalters zum Albtraum der Schwarmbösen geworden.« Neben dem Ton, der in dieser Art der Öffentlichkeit inzwischen herrscht, kommt es aber auch auf die Inhalte an, und da sieht es zuweilen kaum besser aus, denn von aufrichtiger Argumentation ist da oft nicht viel zu spüren.

Beschäftigt man sich mit Desinformation oder »Fake News«, ist es zunächst einmal wichtig, sich die verschiedenen Kategorien bewusst zu machen, mit denen wir es zu tun haben. Denn nicht jede Falschbehauptung im Netz ist gleich zu bewerten. So gibt es beispielsweise einfache Fehler in der Berichterstattung, die sich in der digitalen Welt rasant verbreiten. Journalistinnen und Journalisten sind Menschen, und Menschen machen Fehler. Das wird sich nie komplett ausschließen lassen. Wichtig ist, dass Fehler, sind sie erkannt, transparent korrigiert werden. Aber diese Korrektur erreicht häufig nicht das ganze Publikum, das vorher die Berichterstattung zur Kenntnis genommen hat, die sich im Nachhinein als falsch erwiesen hat. Das wiederum ist ein willkommener Anknüpfungspunkt für diejenigen, die professionellen Medien pauschal unterstellen, nicht aufrichtig zu berichten. Damit sollen in der öffentlichen Debatte bewusst die Grenzen zu den anderen, »alternativen« Kategorien verwischt werden, um Verunsicherung zu schaffen.

Denn die wirklichen Desinformationen und »Fake News« werden absichtlich in die Welt gesetzt. In der extremen Ausprägung sind das Lügen: Also Beiträge, von denen die Absendenden genau wissen, dass sie inhaltlich nicht stimmen, dass sie aber eine gewisse Stimmung befördern oder auslösen. Lügen bedeutet, die Wahrheit zwar zu kennen, aber vorsätzlich die Unwahrheit zu äußern. Wer sich um Fakten nicht schert, für den ist das ein probates Mittel, um das eigene Weltbild zu stützen und zu propagieren.

Komplizierter wird es bei einer Mischform: Da wird ein Kern der Wahrheit aufgegriffen und – ebenfalls vorsätzlich – in einen anderen Kontext gesetzt. Meist geht es dabei um Verschwörungserzählungen. Der Begriff der Erzählungen wird an dieser Stelle bewusst gewählt. Wir sollten weniger über Verschwörungstheorien diskutieren, denn das, was wir mit dem Wort »Theorie« verbinden, spielt bei solchen Vorgehensweisen keine Rolle. In der Wissenschaft wird eine Theorie als Ansatz bezeichnet, der überprüft werden soll und kann. Mit professionellen Mitteln wird er untersucht, um ihn dann zu bestätigten oder zu widerlegen. Dass das Ergebnis offenbleiben muss, ist die wesentliche Voraussetzung. Bei Verschwörungserzählungen wird dagegen kein Widerspruch geduldet. Wer einmal versucht hat, solchen Darstellungen zum Beispiel in sozialen Netzwerken etwas entgegenzusetzen und sie vorsichtig in Frage zu stellen, wird schnell beschimpft und beleidigt. Es geht darum, eine Weltsicht durchzusetzen, nicht darum, auf der Grundlage von Theorien und Fakten einen ernsthaften Diskurs zu führen. Gleichwohl wird es auch in Zukunft wichtig sein, denjenigen entgegenzutreten, die solche Erzählungen unreflektiert verbreiten. Man sieht, die Struktur der Öffentlichkeit hat sich negativ verändert. Der ernsthafte Diskurs ist in Gefahr. Umso wichtiger ist es, anhand von konkreten Beispielen zu beobachten und zu lernen, wie Desinformation und »Fake News« funktionieren.

»Keine Desinformation ist harmlos«, hat Papst Franziskus bereits im Jahr 2018 erklärt: »Im Gegenteil: Dem zu vertrauen, was falsch ist, hat unheilvolle Folgen.« Journalistinnen und Journalisten seien »Hüter der Nachrichten«, so das Oberhaupt der katholischen Kirche, und sie hätten nicht bloß einen Beruf, sondern eine Mission. Gerade deshalb sei es auch wichtig, dass der Journalismus »der Unwahrheit, der Effekthascherei und dem prahlerischen Reden den Kampf ansagt«.

Mit Christian Sievers, ein Mann, den wir als seriösen Journalisten und Moderator des renommierten heute journals im ZDF kennen, ist prominentes Opfer eines Falls von manipulativer Desinformation geworden. Zu Beginn ordnet er uns in dem Nachrichtenmagazin das Weltgeschehen ein, sein Wort hat Gewicht. Wenn er etwas empfiehlt, dürften wir uns darauf verlassen können. Aber dann macht Christian Sievers an seinem Moderationspult plötzlich Werbung für eine Trading-Software?! Ein entsprechendes Video kursiert in den sozialen Netzwerken, und es ist gefälscht. »Der Anfang des Videos wirkt noch absolut überzeugend – was daran liegt, dass es der echte Beginn des heute journals vom 30. April ist«, schreibt das *ZDF* selbst auf seiner Webseite: »Erstes Thema der Sendung damals: Künstliche Intelligenz.« Nach dem realen Beginn wechselt Sievers plötzlich in den Reklamemodus. Die Lippenbewegungen sind zwar nicht mehr synchron, trotzdem scheinen viele das Video ernst zu nehmen. So ernst, dass sich der öffentlich-rechtliche Sender zur Klarstellung genötigt sieht: »Alles wirkt immer noch wie eine echte Nachrichtensendung. Doch die KI hat die Stimme des Sprechers gekapert.«

Solche Vorgehensweisen werden als »Deep Fake« bezeichnet, und sie werden immer besser. Auch die »Künstliche Intelligenz« (KI) lernt dazu, die in diesem Fall noch asynchrone Lippenbewegung wird es in Zukunft nicht mehr geben: Dann werden solche Auftritte ganz real wirken, obwohl sie gefälscht sind. Menschen, von denen Videomaterial im Netz verfügbar ist, sind besonders anfällig für solche Angriffe. Ob Moderatoren, Prominente aus der Musikwelt oder Politiker: Alle können digital »nachgestellt« werden, der dokumentarische Wert des Fotos oder Filmes nimmt prinzipiell ab. Der mühelose Konsum solcher Quellen wird zur aufwendigen Unterscheidungsarbeit. Dabei besteht die Gefahr, dass sich bei wiederholter Konfrontation mit solchen Deep Fakes doch etwas im eigenen Kopf festsetzt. Die Folge ist, dass man droht, auf unseriöse Angebote hereinzufallen, von

Extremisten agitiert wird oder dass man sich mit Abscheu gänzlich vom Vertrauen in Medien abwendet.

Das ist kein ausgedachtes Horrorszenario, sondern eine offensichtlich weit verbreitete und tief verankerte Meinung. Nach einer Erhebung des Verbands der Technischen Überwachungsvereine (TÜV) in Deutschland sind fast alle Menschen verunsichert, wenn es um Deep Fakes geht: »Laut Umfrage sind 91 Prozent der Befragten der Ansicht, dass kaum noch erkennbar sein wird, ob Fotos oder Videos echt oder gefälscht sind.« Mehr als 80 Prozent glauben, dass sich die Verbreitung von »Fake News« dadurch massiv beschleunigen werde und dass dann der Wahrheitsgehalt von Veröffentlichungen nicht mehr nachvollziehbar sei.

Und die Beispiele häufen sich – nicht nur, wenn es um dubiose Geldgeschäfte geht. So schreibt Hermann von Engelbrechten-Ilow in seinem Buch »Was läuft da schief im Journalismus? Warum es mit den Medien bergab geht und wie man ihnen aufhelfen kann« (Herbert von Halem Verlag), dass es historisch betrachtet schon immer lukrativ(er) war, Lügen zu verbreiten. Als Beispiel nennt er den Fall von Jugendlichen aus Nordmazedonien, die hunderte Nachrichtenseiten aufgesetzt und sie mit frei erfundenen Artikeln bestückt hatten. Mit Hilfe von sozialen Netzwerken teilten sie die Geschichten fleißig, und über Werbung auf den Webseiten verdienten sie damit jede Menge Geld.

Es ist aber gerade der politische Bereich, in dem aus eher taktischen Gründen besonders fleißig versucht wird, mit Fälschungen Aufmerksamkeit zu erregen und Vorurteile zu erzeugen oder zu verstärken. So soll US-Präsident Joe Biden öffentlich dazu aufgefordert haben, sich nicht an den Vorwahlen zu beteiligen. »Heben Sie Ihre Stimme für die Wahl im November auf«, zitierte *t-online.de* aus einem entsprechenden Tondokument. Das Fatale daran: Es war ein Fake. Niemals hatte Biden einen solchen Vorschlag gemacht, geschweige denn die Wählerinnen und Wähler dazu aufgerufen. Interessierte Kreise hatten offenbar das Audiodokument gefälscht und in Umlauf gebracht.

Ähnliches ereignete sich bei den Montagsdemos in Dresden. Auf Lautsprechern waren Tonaufnahmen abgespielt worden, die mit der typischen Erkennungsmelodie der Nachrichtensendung »Tagesschau« in der *ARD* begannen. In einer solchen Folge hieß es dann in der Stimme des Sprechers: »Seit über drei Jahren lügen wir Ihnen dreist ins Gesicht.« Die Staatsschutzabteilung der Polizei wurde erst spät darauf aufmerksam und aktiv. Aber immerhin: Sie reagierten. Verantwortliche sollen als »Gefährder« polizeilich angesprochen worden sein, Ermittlungen wurden aufgenommen. Der Anfangsverdacht lautete auf Verleumdung und Beleidigung.

Im November 2022 fassten die Sozialpsychologinnen Pia Lamberty und Corinne Heuer und der Political Data Scientist Josef Holnburger für das gemeinnützige »CeMAS – Center für Monitoring, Analyse und Strategie« die »Belastungsprobe für die Demokratie« durch pro-russische Verschwörungserzählungen und den Glauben an Desinformation in der deutschen Gesellschaft zusammen. In ihrem lesenswerten Forschungspapier beschreiben sie, wie es über gefälschte Nachrichtenseiten gelungen ist, die öffentliche Meinung in der Bundesrepublik zu manipulieren. Sie sahen aus wie die offiziellen Seiten von renommierten Medienmarken wie *Der Spiegel*, *FAZ* oder *Die Welt*. Nur wer genau hinschaute, stellte fest, dass die Domainendungen nicht mit den Originalquellen übereinstimmten oder dass es Buchstabendreher in den Links gab. Trotzdem wurden solche »Quellen« in den sozialen Netzwerken geteilt – von Propagandisten, von Bots und von ahnungslosen Nutzerinnen und Nutzern. Unter der vermeintlichen Glaubwürdigkeitsfahne des Journalismus wurde Stimmung gemacht gegen die Ukraine und für Russland. Vor dem Hintergrund des völkerrechtswidrigen Angriffs durch Putin auf die souveräne Ukraine ging es vor allem darum, zunächst Zweifel beim Publikum zu säen. In Teilen der Bevölkerung stieß das auf großes Wohlwollen, bestätigte es doch pro-russische Einstellungen und Stimmungen. »Es geht ihnen darum, die in Krisenlagen ohnehin große subjektive Unsicherheit in der Bevölkerung zu verstärken, um letztlich das Vertrauen in die Demokratie zugunsten der eigenen Ziele zu erschüttern«, schreiben die CeMAS-Forschenden über die Urheber der Desinformationen, die im professionellen, aber eben gefälschten Mediengewand daherkommen.

Immer häufiger berichteten professionelle Massenmedien über die neue Strategie der Desinformation, vor allem auch diejenigen, deren Seiten derart dreist gefälscht worden waren. Die Redaktion von *t-online.de* recherchierte intensiv nach den Hinterleuten der »mysteriösen Kampagne gegen den Westen« und konnte nach eigenen Angaben Russen identifizieren, die daran mitwirkten. Unter anderem hätten Journalisten aus Russland »Interviews mit Experten und Politikern« geführt und Ausschnitte dann später in einem ganz anderen Kontext verwendet.

Begleitet werden solche Fake-Auftritte stets von vielen Einträgen in den sozialen Netzwerken. *Der Spiegel* bezeichnete das Vorgehen als »Trommelfeuer der Lügen« und berichtete, dass allein in vier Wochen rund um den Jahreswechsel 2023 auf 2024 von Expertinnen und Experten des Auswärtigen Amtes mehr als 50.000 gefälschte Nutzerkonten identifiziert worden seien, »die in deutscher Sprache offenbar koordiniert Stimmungsmache betrieben, mit insgesamt mehr als einer Million deutschsprachiger Tweets«. Und das allein beim Kurznachrichtendienst X (vormals Twitter). Zuweilen habe es zwei Mitteilungen pro Sekunde gegeben. Besonders häufig sei der Vorwurf erhoben worden, »die Bundesregierung vernachlässige die eigene Bevölkerung, um die Ukraine zu unterstützen«. Die entsprechenden X-Konten seien offenbar durch Algorithmen und KI gesteuert worden. Weil so oft auf die nachgemachten Webseiten renommierter deutscher Medien verwiesen wurde, sei das Projekt von den Fachleuten als »Doppelgänger«-Kampagne bezeichnet worden. *Der Spiegel* nannte auch ein besonders perfides Beispiel auf einer gefälschten Seite, die sich als amtliche deutsche Regierungsstelle ausgegeben hatte: »Auf einer angeblichen Seite des Bundesinnenministeriums mit der falschen Domainendung .pe hieß es etwa, es sei wichtig, geflohene Ukrainer gleichmäßig auf deutsche Haushalte zu verteilen.«

Eine weitere Spielart der Desinformation sind Videos, die gar keinen realen Hintergrund haben. Dazu werden Szenen aus Videospielen verwendet, um angebliche Zerstörungen zu dokumentieren. In vielen Games gibt es sehr realistisch aussehende Darstellungen von Kriegshandlungen. Was den Spielenden ein authentisches Erlebnis vermitteln soll, wird von Propagandisten dreist missbraucht. Zuweilen fallen sogar professionelle Redaktionen auf solches Videomaterial rein, was die Notwendigkeit einer gewissenhaften

Überprüfung von Quellen immer deutlicher werden lässt. Nach einem Bericht der *FAZ* vom 4. Januar 2023 beschäftigt sich im Auswärtigen Amt in Berlin ein Referat intensiv mit dieser Entwicklung und mit der Frage, wie stattdessen »digitale Spiele ein tieferes Verständnis von Funktionsweisen und Mechanismen außenpolitischer Praxis und Narrative vermitteln können«. Unter dem Titel »Auswärtsspiel« hat das Ministerium deshalb gemeinsam mit der »Stiftung Digitale Spielekultur« ein Projekt ins Leben gerufen, in dessen Rahmen unter anderem ein Handbuch zur Perspektive von Außenpolitik in Games entwickelt wurde.

Man sieht, Fakes werden mit unterschiedlichen Mitteln erstellt und auf diversen Wegen verbreitet. Nicht nur in Deutschland ist das ein Problem, auch weltweit sind »Deep Fakes« zum dreisten Mittel der politischen Auseinandersetzung geworden. Es geht um nicht weniger als einen »Systemkonflikt im Netz«, wie es der Chef der Taskforce gegen Falschinformationen bei der Europäischen Union Lutz Güllner gegenüber der *SZ* beschrieb. Es gehe vor allem für Russland und China darum, das Narrativ zu verbreiten, »dass ihre autokratischen Systeme mehr bieten als die demokratischen«, und so Unruhe zu erzeugen. Eine aufgeklärte Öffentlichkeit kennt man in beiden Ländern schließlich kaum. Unabhängigen Journalismus gibt es in Russland nicht mehr, dafür wird viel Kraft in internationale Desinformation gesteckt.

Dabei müssen auch deutsche und europäische Redaktionen aufpassen, den Falschdarstellungen keinen Glauben zu schenken. So wurde im Vorfeld der Olympischen Spielen im Sommer 2024 in Frankreich ausführlich darüber berichtet, dass es eine Plage von Bettwanzen in dortigen Hotels gebe.

Auch in Deutschland kam man an der Nachricht nicht vorbei. Später stellte sich heraus, dass es sich um eine Propagandaaktion gehandelt haben soll. »Das Thema wurde online aufgeblasen durch Konten, die mit Russland in Verbindung stehen«, zitierte die *FAZ* einen Minister der französischen Regierung. Man habe Frankreich schaden wollen: »Es wurde sogar fälschlicherweise eine Verbindung gezogen zwischen der Aufnahme ukrainischer Flüchtlinge und der Ausbreitung von Bettwanzen.« Im selben Artikel wurde darüber berichtet, dass das auch eine Angstkampagne, bei der an mehr als 150 Häuser in Paris Davidsterne gesprüht wurden, auf Russland zurückgehe. Die gefassten Graffiti-Täter hätten nach Angaben des Außenministeriums »gestanden, dass sie von einem russischen Auftraggeber bezahlt worden waren«.

Der Kommunikationswissenschaftler und Dokumentationsjournalist Gerret von Nordheim hat solche Strategien der Desinformation treffend als »das große Rauschen« eingeordnet. Im Fachdienst *epd medien* schrieb er: »Wenn sich bei einer Funkübertragung der Empfang verschlechtert, beginnt die Leitung zu rauschen. Das Zuhören wird anstrengender, das Gelingen der Kommunikation unwahrscheinlicher. Die Propagandisten des 21. Jahrhunderts bedienen sich dieses Prinzips – Propaganda ist heute genau das: Rauschen. Sie lärmen mit Empörung und Desinformation.« Es geht also darum, dass zwischen Wahrheit und Lüge, zwischen News und Fake News, nicht mehr unterschieden werden kann. In der Wissenschaft nenne man das daraus resultierende Phänomen der Abstumpfung Relativismus. Daraus wiederum entstehe eine Situation, in der politische Entscheidungen nicht mehr auf der Grundlage von Erkenntnissen, sondern auf der Basis von Gefühlen gefällt werden. Demokratie gerate dadurch fundamental in Gefahr, was durchaus im Sinne derer ist, die – wie etwa Russland – solche Falschinformationen in die Welt setzen und befeuern. Unabhängiger Journalismus ist der natürliche Gegner solcher Strategien, was auch erklärt, warum dieser Berufsstand unter besonderen Druck geraten ist. Von Nordheim erwähnt in seinem Beitrag auch das Konzept der »zoneflooding philosophy«.

Dieses Konzept steht dafür, Verunsicherung dadurch zu erzeugen, dass möglichst viel Unsinn in die Öffentlichkeit getragen wird – gerne auch unter dem vermeintlichen Siegel des Journalismus. Dass die Darstellungen und Botschaften dabei zuweilen völlig widersprüchlich sind, tut dem beabsichtigten Erfolg keinen Abbruch. Es geht ja gerade darum, die Menschen dazu zu bringen, nichts mehr zu glauben und sich allein auf ihre Emotionen zu verlassen. Denn Gefühle sind im Bereich der Politik einfacher zu beeinflussen als Überzeugungen, die sich auf der Grundlage von Tatsachen herausbilden.

Umso schwieriger wird die Auseinandersetzung, wenn selbst Akteure, die als ernst zu nehmend erscheinen, plötzlich aus einer Verteidigungshaltung heraus rhetorisch wild um sich schlagen und damit faktisch das Konzept bedienen, »die Zone mit Mist zu fluten«. Die sogenannte »Alternative« für Deutschland (AfD) liefert dafür immer wieder Beispiele. Für sie sind Medien als »Journaille« bloß »Sprachrohr der Regierungspartei«, weshalb man darüber nachdenke, sich bei Medienhäusern einzukaufen. Und selbst die »Letzte Generation«, die sich mit spektakulären Aktionen gegen das Ignorieren des Klimawandels stemmt, schwenkte um auf überbordende Medienkritik, als sie selbst einmal kritisiert wurde, weil ein Rettungswagen wegen einer Straßenblockade der »Klimakleber« nicht um Einsatzort gekommen sein soll. Ein »ganzes Mediensystem« habe sich gegen sie gewendet. Eine solche Sichtweise klingt eher nach dem weit verbreiteten Kalauer, der eigentlich zum Lachen anregen sollte – ein Autofahrer, der im Verkehrsfunk vor einem Geisterfahrer gewarnt wird, sagt: »EINER? Hunderte!!!« Es wäre wahrscheinlich keine besonders gute Idee, sich von einem solchen Autofahrer auf der Basis seiner eigenen Gefühle die künftigen Regeln für den Straßenverkehr vorschlagen zu lassen ...

So einleuchtend das klingen mag, umso erschreckender sind die Zahlen, die die Bertelsmann-Stiftung Anfang 2024 auf der Grundlage einer repräsentativen Erhebung veröffentlichte. Demnach meinen 70 Prozent der Deutschen, »dass Desinformation ein Problem für andere Menschen darstelle, und nur 16 Prozent sehen ein Risiko für sich selbst«. Die Politikwissenschaftlerin Cathleen Berger, die die Studie mitgeschrieben hat, plädiert deshalb dafür, dass es für Nutzende in sozialen Netzwerken leichter werde, »Informationen zu prüfen und zu melden«.

Das ist durchaus ein sinnvoller Ansatz, und er wird ja auch in der Gesellschaft diskutiert. Ein bisschen mehr Selbstkritik würde uns aber guttun. Denn die andauernden Wellen der Desinformation überschwemmen uns ausgerechnet in einer Zeit der dramatischen Umbrüche und Unsicherheiten. Neben den Sorgen, auch um Arbeitsplätze und Lebensstandard, die die technischen Neuerungen mit sich bringen, sind es die großen Krisen unserer Zeit, die die Menschen zweifeln oder sogar verzweifeln lassen. Das hat spätestens mit der Corona-Pandemie und den Einschnitten in die persönliche Freiheit begonnen, wurde dann aber mit dem von Russland losgetretenen Krieg noch gesteigert. Schließlich bekommen wir die Folgen in Form von höheren Preisen alle zu spüren, und die Gefahr, sich womöglich selbst irgendwann gegen einen kriegerischen Angriff verteidigen zu müssen, schürt existenzielle Ängste. Die Gereiztheit, die sich im gesellschaftlichen Diskurs zeigt, ist deshalb durchaus nachvollziehbar. Umso wichtiger ist es, wieder zu einer Gemeinschaft zurückzufinden, die sich auch in der öffentlichen Kommunikation an Normen und Werte hält. Oder, einfacher ausgedrückt: Wir brauchen mehr »Wir« und müssen diejenigen in die Schranken weisen, die uns gegeneinander aufhetzen wollen.

Das ist ein gigantisches Projekt, für das wir auch Institutionen brauchen, die im Sinne unserer Gesellschaft handeln. Bei den öffentlich-rechtlichen Sendern sollen sich vor allem die Rundfunk- oder Fernsehräte damit beschäftigen, die in ihrer Zusammensetzung relevante Gruppen der Gesellschaft spiegeln. Auch mit Blick auf privatwirtschaftlich organisierte Medien sind das nur in Extremfällen die Gerichte, in erster Linie sind der Deutsche Presserat und die Landesmedienanstalten am Zug. Hinzu kommt die Bundesnetzagentur, die künftig Beschwerden über Plattformen im Netz und Suchmaschinen entgegennehmen und ihnen abhelfen soll. Wann die Behörde dafür aber personell hinreichend ausgestattet sein wird, scheint noch offen.

Ohnehin wird es nicht allein mit (aufsichts-)rechtlichen Mitteln möglich sein, den Trend zu Desinformation und Hassrede zu stoppen. Schließlich suchen sich Desinformationen und Hetze immer neue (digitale) Wege. Schon 2019 vermeldete der Reuters Digital News Report, dass sich die Verbreitung von Fake-News »von öffentlich zugänglichen

Plattformen wie Facebook hin zu geschlossenen Netzwerken« verlagere. Ein umfassendes juristisches Korsett würde also niemals komplett passend geschnürt werden können.

Gefragt sind wir alle. Zum einen, indem wir uns nach Kräften solchen Vorstößen entgegenstellen, wenn sie uns begegnen. Zum anderen aber auch, indem wir unsere eigene Medienkompetenz schärfen. Das bloß für junge Menschen in der Schule zu fordern, greift deutlich zu kurz. Die digitale Welt hat sich so schnell verändert, dass der vom Philosophen Jürgen Habermas beschriebene »Strukturwandel der Öffentlichkeit« immer schneller und grundlegender vor sich geht. Da am Ball zu bleiben, ist nicht profan. Deshalb ist es wichtig, dass sich Institutionen diesem Thema widmen. Die Landesmedienanstalten bieten da genauso Programme wie die Volkshochschulen oder die Bundeszentrale für Politische Bildung. Zahlreiche politische Stiftungen und Initiativen sind mit Angeboten am Start. Die Bertelsmann-Stiftung hat gemeinsam mit der Amadeu Antonio Stiftung und dem gemeinnützigen Verein codetekt das Projekt »faktenstark« gestartet, es bietet vor allem Workshops zum Erkennen von und zum Umgang mit Desinformation an. Das alles sind gute Ansätze, und sie bieten Strukturen zur Weiterbildung für die, die sich mit dem Thema auseinandersetzen wollen. Ein erster Schritt muss aber sein, sich die eigene Verwundbarkeit in Sachen Desinformation und Fake-News erst einmal bewusst zu machen sowie den Journalismus als Bastion gegen solche Strategien, die unsere freiheitliche und demokratische Gesellschaft zerstören können, wieder mehr zu schätzen. Und da ist noch viel zu tun.

»Was mit Medien« zu machen, war lange Zeit ein Traumjob für viele Jugendliche. Daniel Fiene, »Herr Pähler« und

Dennis Horn haben den Ausspruch sogar zum Titel ihres Podcast zum Medienwandel gemacht – zuvor lief ein ähnliches Format mit dieser Überschrift beim *Deutschlandfunk Nova*. »Was mit Medien« wird für viele junge Menschen aber immer uninteressanter. Manche Redaktionen regionaler Tageszeitungen finden schon längst keine Volontärinnen und Volontäre mehr. Selbst öffentlich-rechtliche Sender, die früher mit Bewerbungen überhäuft wurden, schalten mittlerweile sogar Werbeanzeigen, um Interessierte anzulocken. Dass die Arbeitsbedingungen sich grundlegend verändert haben, ist an der Nachwuchsgeneration nicht vorbeigegangen. »Journalist ist man immer«, heißt es oft zugespitzt: »Da gibt es so etwas wie einen Feierabend nicht.« Und da ist durchaus etwas dran.

Hinzu kommt die erwähnte Gefahr der »Prekarisierung« des journalistischen Berufsstands. Festanstellungen mit tariflicher Bezahlung werden immer seltener, was den Job weniger attraktiv werden lässt. Ansonsten werden oft in einem unseligen Dreiklang der Praktikanten, Hospitanten, Dilettanten Kosten und zugleich auch Qualität reduziert, denn allzu häufig geht es beim »Ausprobieren« nicht darum, junge Menschen anzuleiten und mit der Berufspraxis vertraut zu machen, sondern billig Veröffentlichungen erstellen zu lassen. Wer dann doch einmal eine Feststellung ergattern kann, bekommt neben schlechten Konditionen auch meist keinen unbefristeten Vertrag. Gerade im Journalismus sind zum Teil kürzeste Zeitverträge die Regel, ein unwürdiges System der Kettenduldungen, in dem manche für etliche Jahre ohne klare Perspektive gefangen sind.

Medienschaffende geraten auch immer mehr unter Druck, weil sie von einem großen Teil der Öffentlichkeit nicht nur nicht wertgeschätzt, sondern fast gehasst werden. In vielen Fällen entlädt sich diese Haltung in Beschimpfungen, Beleidigungen oder sogar gewalttätigen Übergriffen. Der *ARD*-Moderator Constantin Schreiber beschrieb im Interview mit Giovanni Di Lorenzi in *Die Zeit*, welche Folgen das hat: »Was ich auch merke, wenn ich an Journalistenschulen bin und mit dem Nachwuchs spreche: Es gibt zunehmend Leute, die sagen, sie wollten nicht Journalist vor der Kamera werden oder eine andere besonders exponierte Stellung anstreben, weil sie das nicht aushalten würden. Sie sagen, sie zögen sich lieber zurück, weil sie das nicht ertragen könnten.«

Ein weiterer Aspekt ist in den Redaktionen der Mangel an Personal aus unterschiedlichen gesellschaftlichen Schichten. Zwar gibt es keine formal verbindlichen Kriterien für den Zugang zum Journalismus wie in anderen Berufen – in vielen Häusern wird aber die Ausbildung im Rahmen des sogenannten Volontariats bevorzugt. Eine solche Schulungsphase in Praxis und Theorie ist aber in den meisten Fällen nur zugänglich, wenn man vorher ein Studium absolviert hat. Das hat längst zu einer Akademisierung der Redaktionen geführt. In sozialer Hinsicht ist die Vielfalt dadurch bedroht. Denn derart sozialisierte Journalistinnen und Journalisten wissen zuweilen erschreckend wenig über andere Gruppen der Gesellschaft, beispielsweise Menschen in prekären Lebensverhältnissen oder gar solche ohne Wohnung oder Obdach.

Hinzu kommt die mangelnde Vielfalt, wenn es um die Herkunft geht. Obwohl eine Mehrheit der Migrantinnen und Migranten deutschsprachige Medien nutzt, heißt es in einer »Unterrichtung durch die Beauftragte der Bundesregierung für Migration, Flüchtlinge und Integration« an den Deutschen Bundestag, sind Medienschaffende mit Migrationshintergrund in den Redaktionen unterrepräsentiert: »Ein Blick in so manche Talkshow oder Lokalzeitung macht deutlich, dass interkulturelle Kompetenz, Perspektivenvielfalt und die Normalität der Einwanderungsgesellschaft nicht überall im journalistischen Alltag angekommen sind. Der Publikumswandel, der sich vollzieht, hat längst nicht allerorts das Bewusstsein der Programm- und Blattmacher erreicht.«

Manche Häuser haben das inzwischen erkannt und achten bei Neueinstellungen auf eine sinnvolle Mischung unterschiedlicher sozialer und örtlicher Herkunft. Mit den »Neuen Deutschen Medienmachern« hat sich ein Netzwerk als Interessenvertretung derer gegründet, die sich für mehr Diversität in der Branche einsetzen.

Ganz grundsätzlich verliert der Beruf als Journalistin oder Journalist aber auch aus einem anderen Grund an Attraktivität. Unter anderem ist das auf vermehrte Übergriffe von Extremisten zurückzuführen. Vor allem im rechtsradikalen Spektrum ist es zunehmend üblich geworden, Berichterstattende einschüchtern zu wollen.

»Das Bild, dass Journalisten Störer sind, wurde beim Festival in Ostritz unter anderem durch einen für fünf Euro erhältlichen ›Rechtsratgeber‹ verfestigt«, schreibt dazu der freie Journalist René Martens im *epd*: »Man dürfe von einem Fotografen das ›sofortige Löschen der Bilder‹ verlangen, ihm gegebenenfalls ›die Kamera wegnehmen‹, notfalls auch mit Gewalt, heißt es in dem von einem ›Diplom-Juristen‹ verfassten ›Ratgeber‹.« Auch berichtet Martens darüber, dass durch »Zurückfotografien bzw. Zurückfilmen« Druck ausgeübt werde: »Mit Hilfe solcher Bilder werden quasi Akten über missliebige Berichterstatter angelegt, im schlimmsten Fall finden sie sich in steckbriefartigen Postings auf einschlägigen Facebook-Seiten.«

Druck erzeugt in den Redaktionen aber auch, dass der Rotstift immer präsenter wird. Bis in die 1990er-Jahre waren die öffentlich-rechtlichen Sender finanziell vergleichsweise gut ausgestattet, und private Medien schrieben zum Teil exorbitante Gewinne. Menschen, die in dieser Zeit in den Beruf der Journalistin beziehungsweise des Journalisten eingestiegen sind, haben diese Phase noch kurz mitbekommen – um dann zu merken, dass eine Sparwelle nach der anderen die Redaktionsräume flutete. Stets wurde aufs Neue der Etat gekürzt, die Effizienz erhöht, die Arbeit verdichtet. Nicht nur Ideale drohen damit auf der Strecke zu bleiben, sondern schlicht die Motivation. Wer das Gefühl hat, stets nur noch als mehr oder weniger lästiger Kostenfaktor wahrgenommen zu werden, wird wohl kaum den gedanklichen Freiraum entwickeln, zu kreativen Höchstleistungen zu kommen. Zuweilen konnte und kann man den Eindruck bekommen, dass die redaktionell erstellten Produkte nahezu vorsätzlich geschädigt werden sollten, um in schwierigen Zeiten so gut zu sparen, dass die Gewinne für Private weiter sprudeln oder man in den öffentlich-rechtlichen Anstalten nicht darüber nachdenken musste, welche teuren Bürokratien oder Doppelstrukturen stattdessen abgeschafft werden könnten. Vor allem Medienschaffende, die in Gewerkschaften organisiert sind, hatten vor solchen Entwicklungen immer wieder gewarnt. Ihre Mahnungen wurden aber meist als Geschwätz abgetan, was für die Betroffenen, die sich um die Zukunft ihres Berufsstands sorgten, frustrierend war – und nach wie vor ist. Schließlich ist Journalismus trotz all seiner Herausforderungen immer noch ein wundervoller Beruf.

Da ist es traurig, mitanzusehen zu müssen, wir in den Chef- und Führungsetagen häufig eine gewisse Planlosigkeit abseits des Wunsches, Geld zu verdienen, herrscht. Am Beispiel der Zeitungsverleger und der digitalen Kleinanzeigen war bereits abzulesen, wie schwierig es zuweilen ist, wenn unterschiedliche Medienhäuser zusammenarbeiten wollen. Die Konkurrenz wird oft leidenschaftlich gelebt. Das Eindringen des Anderen in das eigene Geschäftsfeld wird nicht nur argwöhnisch beäugt, sondern nach Möglichkeit kraftvoll bekämpft. Zugleich zwingt die übermächtige Konkurrenz der meist US-amerikanischen Plattformgiganten (und neuerdings auch des chinesischen Pendants TikTok) dazu, neue Wege auch gemeinsam auszuloten. Die Gemeinsamkeit wird aber immer wieder unterhöhlt durch argwöhnische Manöver Einzelner. So hat der frühere Präsident des Bundesverbandes der Zeitungsverleger und Digitalpublisher Mathias Döpfner kurze Zeit nach Aufgabe des Amts entschieden, genau diesen Verband massiv zu schwächen: Die *Bild*-Gruppe von Axel-Springer-SE soll den Arbeitgeberverband verlassen, um Kosten zu sparen. Dadurch wird die Interessenvertretung der Medienunternehmen empfindlich geschwächt – durch ihren eigenen ehemaligen Präsidenten. Man sieht: Es ist eine immer unübersichtlichere Welt, die uns Journalisten vor zahlreiche Herausforderungen stellt.

Insbesondere gilt das für die Organisation der Redaktionen. Journalistinnen und Journalisten sehr unterschiedlicher Generationen treffen dort aufeinander. Ihre Sozialisation, ihre Erfahrungen, ihre Kompetenzen sind breit gefächert. Da sind diejenigen, die ihr Handwerk in der komplett analogen Zeit eingeübt haben. Sie haben beispielsweise gegen die Einführung von Computern in den Redaktionen protestiert und gestreikt, weil sie befürchteten, dass ihnen etwa im Zeitungslayout zusätzliche Aufgaben aufgebürdet würden.

Ohnehin hat sich der Druck enorm erhöht, nicht das objektiv Wichtigste zu berichten, sondern das, was sich am besten vermarkten lässt. In früheren Zeiten war es gar nicht so einfach, herauszufinden, was die Menschen tatsächlich im Detail medial konsumieren. Einschaltquoten für das Fernsehen gab es gefühlt schon immer, aber auch da war kaum nachzuvollziehen, wie ein einzelner Beitrag in einer Nachrichtensendung wahrgenommen wird. Noch schwieriger war und ist es beim Radio. Die regelmäßigen Erhebungen fragen eher danach, welchen Sender man in der letzten Zeit gehört hat. Das wiederum hat zur Folge, dass just zum Zeitpunkt der entsprechenden Erhebungen ziemlich viel Geld in Werbung gesteckt wird. In vielen Städten und Regionen sind dann zum Beispiel riesige Plakate zu sehen, auf denen attraktive Gewinnspiele angepriesen werden. Der Grund dafür ist, dass die Einschaltquoten vor allem durch Befragungen der Bürgerinnen und Bürger erhoben werden. Zu einem bestimmten Zeitpunkt wird dann erkundet, welchen Sender man zuletzt gehört hat. Ist vorher durch Plakate auf die Möglichkeit hingewiesen worden, etwas gewinnen zu können, wurde möglicher Weise zum Einschalten eines Senders animiert, den man gewohnheitsmäßig sonst nicht hört. Damit werden die Quoten potenziell künstlich nach oben getrieben, vorausgesetzt, die Befragten haben ehrliche Antworten gegeben). Über die regelmäßige Nutzungsgewohnheit sagt das natürlich nur bedingt etwas aus.

Der Medienwissenschaftler Christopher Buschow, der sich seit Jahren insbesondere mit Transformationen im Journalismus beschäftigt, sieht in der früheren Einführung neuer technischer Geräte und ihren Anwendungen wie Schreibmaschinen, Computer, Telegrafie oder Fotografie bloße Ergänzungen der redaktionellen Arbeit. Die aktuellen Gefahren seien viel grundlegender. Die Abhängigkeit von großen Digitalunternehmen zur Verbreitung der eigenen Inhalte seien ein Autonomieverlust. Und die Künstliche Intelligenz (KI) sei geeignet, die menschliche journalistische Arbeit komplett zu ersetzen. Er empfiehlt einen Verbund von Medienunternehmen, die etwa eine »gemeinsame Plattform« starten könnten »ähnlich einem ›Spotify‹ für Journalismus«.

Zaghafte Versuche einer solchen digitalen Neuausrichtung in der Printwelt hatten bis dato nur mäßigen Erfolg. Das niederländische Unternehmen Blendle versuchte es auch in Deutschland mit dem Onlineverkauf einzelner Artikel, gab aber schließlich auf. Das österreichische Projekt Newsadoo probiert es mit einer Zusammenstellung von Nachrichten aus verschiedenen professionellen Quellen, konnte aber auch noch keine große Bekanntheit erreichen. Einzig der französische Konzern Cafeyn scheint ein glückliches Händchen beim digitalen Vertrieb von Zeitungen und Magazinen zu haben: Erst erwarb das Unternehmen den Anbieter Blendle, dann auch noch den vor allem in Deutschland erfolgreichen Dienst Readly. Bei Letzterem kann mit einem Pauschalbetrag im Abonnement auf eine Vielzahl an aktuellen Veröffentlichungen zugegriffen werden. Unterdessen scheiterte auch ein Projekt mit potenten Trägern, das einen einfachen Login für mehrere Qualitätswebseiten aufsetzen wollte. Unter dem Titel »Verimi« hatten unter anderem Telekom, Bundesdruckerei, Axel Springer SE und Finanzdienstleister ein entsprechendes Startup gegründet. Letztlich sah man aber offenbar die Konkurrenz ähnlicher Angebote bei Facebook, Apple oder Google als zu übermächtig an.

Für tiefgreifende Schritte in Richtung einer konsequenten Vermarktung journalistischer Inhalte im Netz bräuchte es aber eben in erster Linie den überzeugten Willen zur Kooperation von Verlagsunternehmen miteinander. Und selbst innerhalb der eigenen Häuser und Konzerne gelingt es zuweilen kaum, die Mitarbeitenden zu motivieren und für den Fortschritt zu begeistern. Journalismus lebt schließlich von einer besonderen Kreativität, die sich nicht erzwingen lässt. Es ist kein Berufszweig oder Job wie jeder andere. In einer Analyse der Media Lab Bayern wurde deshalb auch darauf hingewiesen, dass vor allem die »Anleitung und Unterstützung aus dem Management fundamental« sei: »Methodenkompetente Führungskräfte sollten ihren Einfluss innerhalb der Organisation nutzen, um neue Ideen in nachhaltige und somit erfolgreiche Prozesse zu überführen.«

Dabei gibt es zwei grundsätzliche Wege, wie die Zukunft eines Medienunternehmens gesichert werden kann: die konsequente Konzentration auf das Kerngeschäft oder die Diversifizierung. Dazwischen gibt es freilich eine ganze Reihe von Graustufen, hinzu kommen Kooperationen, beispielsweise auch mit Unternehmen, die mit der eigenen Branche auf den ersten Blick zunächst gar nichts zu tun haben. So hat der Discounter Lidl für seine treuen Kundinnen und Kunden die zeitweise kostenlose Nutzung von *Bild*+ an. Oder Autohersteller kooperieren mit Medienunternehmen, um in deren Anzeigesystemen Apps von bestimmten

Anbietern zu bevorzugen. Die Firma Audi kündigte etwa Anfang 2024 an, mit dem Startup »Articly« aus München zusammenarbeiten zu wollen. Die Firma lässt Zeitungsartikel aus Qualitätsmedien vorlesen, sodass man sie während der Autofahrt anhören kann. Es gibt eine Vielzahl solcher Ansätze und Initiativen, oft aber werden sie – wie in den beschriebenen Fällen – gar nicht von den Medienhäusern selbst entwickelt und auf den Markt gebracht, sondern von anderen, zum Teil auch neuen Anbietern. Die Zukunft des Journalismus liegt also in den Händen derer, die bereit sind, sich etwas einfallen zu lassen, das zu realisieren und auch mit entsprechendem Risikokapital zu finanzieren.

Der Mangel an Fachkräften wird ebenfalls zur Gefahr für den Journalismus insgesamt. Der Trend, die Arbeit in den Redaktionen immer weiter zu verdichten und so Personal einzusparen, droht sich dabei nicht nur auf die Qualität der immer schneller produzierten Inhalte negativ auszuwirken. Auch droht eine Überforderung der Mitarbeitenden, die diesen Druck zumindest dauerhaft nicht aushalten, zumal bei vergleichsweise schlechter Bezahlung. Denn andere Branchen bieten oft bessere Konditionen, und das sogar in einer Nachbardisziplin des Journalismus: Immer mehr Unternehmen und Institutionen setzen nicht mehr alleine auf klassische Public Relations (PR), sondern machen selbst Veröffentlichungen im Stil des Journalismus. Das ist zwar besser als Fake News oder Desinformation, birgt aber zugleich die Gefahr, dass solche Produkte für die Nutzerinnen und Nutzer kaum noch zu unterscheiden sind von unabhängiger Berichterstattung.

Auch stecken die PR-Abteilungen oft mehr Ressourcen in den Kontakt zum Publikum. Da werden Fragen beantwortet,

Kommentare moderiert und Tipps gegeben – etwas, wofür es in den Redaktionen der Medienunternehmen nur bedingte Möglichkeiten gibt. Das liegt zum einen an der Haltung der Medienschaffenden, die es (noch) nicht hinreichend gewohnt sind, mit dem Publikum zu kommunizieren oder gar zu interagieren. Zum anderen liegt es aber auch daran, dass solche Aktivitäten erst einmal kein Geld in die Kasse der Medienunternehmen spülen. Bei zugleich nachlassender Zahlungsbereitschaft für journalistische Produkte wird das zu einem Teufelskreis, der Leerstellen entstehen lässt, die von unterschiedlichen Anbietern gefüllt werden können – Manipulation nicht ausgeschlossen.

Eine weitere Gefahr für den Journalismus ist eine technologische Entwicklung. Die Künstliche Intelligenz (KI) kann Fluch und Segen zugleich sein. Die Chancen und Risiken werden an späterer Stelle in diesem Buch noch ausführlicherer beleuchtet. Hier soll es zunächst um ganz grundsätzliche, strukturelle Herausforderungen gehen. Denn in manchen Chefetagen von Medienunternehmen träumt man schon davon, massenhaft Personal in den Redaktionen einsparen zu können. »Kollege Computer« kann sich schon um den Content kümmern. Der kennt faktisch keine Begrenzung der Arbeitszeit, wird nicht krank und wird schon irgendwas zusammenwürfeln, das lesbar ist oder flimmert und rauscht.

Dass die massenweise Einsparung von Journalistinnen und Journalisten zugunsten von KI kein utopisches Szenario für die Zukunft ist, zeigt das Beispiel des regionalen Fernsehsenders *Studio 47*. Der sendet für das westliche Ruhrgebiet und den Niederrhein und hat nach einer erfolgreichen Testphase im April 2024 stolz verkündet: »Ab dem 2. Mai werden die täglichen Nachrichtenmagazine bei STUDIO 47 vollständig von Künstlicher Intelligenz produziert.«

Dazu hat das Duisburger Medienunternehmen eine Plattform namens NewsHub entwickelt, gefördert durch die Landesanstalt für Medien in Nordrhein-Westfalen. Die NewsHub-KI übernehme »das Verfassen der Texte, den Schnitt und die Nachvertonung aller Videos – und auch die Moderation der Sendung«, heißt es in einer Mitteilung von *Studio 47*. Für die Themen und die Recherche seien natürlich noch Journalistinnen und Journalisten zuständig, außerdem schaffe die Herangehensweise »Freiräume« für die Redaktion – trotzdem mutet es schon seltsam an, wenn Programm überwiegend von Maschinen gemacht wird.

Der private Radiosender *BIG FM* teilte unterdessen im Frühjahr 2024 mit, dass er sich ganz auf junge Leute einstellt und deshalb sein Nachrichtenangebot rigoros umkrempelt. Zu Beginn der News sollte fortan mit »Social Media-Trends« aufgemacht werden. Schließlich würden die junge Generation direkt nach dem Aufwachen zu ihrem Smartphone greifen und sich dort über Aktuelles Informieren. Mithilfe von KI lässt *BIG FM* die sozialen Netzwerke durchforsten, um Trends zu erkennen und diese dann noch vor den »wichtigsten Themen aus aller Welt zu Politik, Wirtschaft und Gesellschaft« verkünden.

Wer will, kann beim selben Sender auch einen Internetkanal ansteuern, der das Radio der Zukunft präsentiert: *BIG GPT*, ein Programm, das komplett vom Computer gestaltet wird. »Nur mit synthetischen Stimmen, KI-generierten Inhalten und den Big GPT Top 40 der meist gestreamten Songs im Netz«, heißt es auf der Webseite. Und wer Fragen dazu hat, kann diese der virtuellen Moderatorin »bigLayla«

hinterlassen – einem Chatbot also, und keiner echten Journalistin ...

Die Kölner Boulevardzeitung *Express* hat unterdessen die Reporterin Klara Indernach erfunden, die zunächst ohne weitere Erklärung Artikel für die Onlineausgabe fabriziert hat. Mehrere Medien hatten im Jahr 2023 überrascht darüber berichtet. So charakterisierte Elena Panagiotidis die virtuelle Autorin in der *NZZ* als solche »ohne Schreibblockaden und ohne Lohn«. Ein allgemeiner Aufschrei blieb aus, das Kölner Medienhaus DuMont setzt beharrlich auf Klara Indernach. Neben dem erfundenen Namen werden bei den Veröffentlichungen auch zwei Buchstaben notiert, wie sie üblicherweise an solchen Stellen für Kürzel der Autorinnen oder Autoren stehen. Es dürfte kein Zufall sein, dass die Initialen in diesem Fall »KI« lauten. Inzwischen ist der *Express* dazu übergangen, am Ende eines Textes, der zu Beginn deutlich sichtbar als von »Klara Indernach (KI)« geschrieben gekennzeichnet ist, eine verschämt klingende Erläuterung anzubringen: Im Mai 2024 beispielsweise wurde in einem Bericht zu der Frage, ob Mücken eher Menschen stechen, die Bier getrunken haben, nicht nur die Verwendung der Künstlichen Intelligenz erwähnt, sondern auch ein echter Name: Nicola Pohl, laut Porträt auf der Webseite »SEO-Redakteurin für Lifestyle- und Ratgeber-Themen bei EXPRESS.de«.

Ein besonders abschreckendes Beispiel für den unseriösen Umgang mit KI lieferte die Funke-Mediengruppe: In der Illustrierten *die aktuelle* wurde ein Interview mit Michael Schumacher veröffentlicht – der Rennfahrer wäre aber gar nicht in der Lage zu einem solchen Gespräch gewesen, da er nach einem Unfall schon seit langer Zeit im Koma liegt.

Konsequenterweise wurde die Veröffentlichung als »Welt-Sensation« angekündigt, auch wenn die kleine, verschämte Unterzeile »Es klingt täuschend echt« bereits darauf hinwies, dass hier etwas nicht stimmen konnte. Später stellte sich heraus, dass es ein Interview tatsächlich nie gegeben hatte. Es war erfunden worden– von einer KI-Anwendung. Der Deutsche Presserat erteilte nach Beschwerden eine öffentliche Rüge und sprach von einer Täuschung der Leserinnen und Leser. Formal klingt das dann so: »Hier liegt eine schwere Irreführung der Leserschaft und damit ein Verstoß gegen das Wahrhaftigkeitsgebot nach Pressekodex-Ziffer 1 vor.« Nach einem Bericht von *uebermedien.de* musste der Verlag 200.000 Euro Schmerzensgeld an die Familie von Michael Schumacher zahlen. Die für das »Interview« verantwortliche Chefredakteurin wurde entlassen, kämpfte aber vor Gericht dagegen. Immerhin hat die Funke Mediengruppe versprochen, so etwas nicht zu wiederholen.

Als mindestens ebenso absurd lässt sich ein Fall beurteilen, der im Frühjahr 2024 Schlagzeilen unter anderem in der *FAZ* machte. Die Punkmusikerin Kathleen Hanna veröffentlichte ihre Autobiographie, was der Zeitung sonst wohl eher keinen Text wert gewesen wäre. *FAZ*-Autor Fridtjof Küchemann aber berichtete, dass zum selben Zeitpunkt neun (!) andere Bücher erschienen wären, die ebenfalls das Leben von Hanna beleuchteten. Es handelte sich offenbar um Werke, die von KI erstellt worden waren. Kritisch wird angemerkt, dass die Amazon-Plattform Kindle Direct Publishing (KDP) solche Veröffentlichungen zulässt und bloß um einen Hinweis bitte. Um die Flut der Veröffentlichungen einzudämmen, dürften inzwischen aber nur noch drei neue Bücher pro Tag auf der Plattform veröffentlicht werden. Wer weiß, wie viel Arbeit in einem selbst geschriebenen Buch steckt, kann darüber nur den Kopf schütteln. Der Wert zuverlässiger Bücher wird so jedenfalls nicht gesteigert.

Nicht alle Medienhäuser gehen so weit – aber es gibt kaum eines, das sich nicht intensiv mit dem Thema KI beschäftigt. So hat der *Westdeutsche Rundfunk* im Jahr 2021 ein europaweites Forschungsprojekt mit gestartet. Mit einem Millionenaufwand soll unter anderem geklärt werden, ob (Sport-)Berichte automatisiert erstellt werden können. Beim *Bayerischen Rundfunk* wird KI nach Schilderung der Friedrich-Ebert-Stiftung bereits konkret genutzt: Radionachrichten würden demnach »automatisch nach Regionen sortiert, geschnitten und stündlich neu zusammengestellt«. Insgesamt will die *ARD* dem Thema hohe Aufmerksamkeit widmen und hat dafür ein internes »KI-Netzwerk« gegründet. Und bei der *Deutschen Welle* (*DW*) wird mit künstlichen Stimmen experimentiert. Bei sogenannten »Trailern oder Programmbrücken – also bei Vorschauen zwischen zwei Sendungen im Fernsehprogramm –« sollen diese zum Einsatz kommen, wird die *DW*-Programmdirektorin von *dpa* zitiert. Künftig könnte die KI auch aus gedrehtem Rohmaterial die Grundlage für Programmbeiträge automatisch schneiden. Bei der Übersetzung für die zahlreichen Sprachen des deutschen Auslandssenders werde KI »schon lange« eingesetzt.

RTL hat unterdessen in 2023 einen »Circle« für KI gegründet. Ordnung in Metadaten zu bringen oder Inhalte optimal ausspielen und auch personalisieren zu können, sind nach Angaben des Senders die wichtigsten Ziele. Aber auch die »Generierung von Content« wird ausdrücklich als Ziel formuliert. In 2024 wurden die Pläne für *RTL* und *ntv* dann weiter präzisiert. Gemeinsam mit *dpa* wurde eine Web-App für den Newsdesk der Sender entworfen. Das Programm soll Themen gewichten, Vorschläge zur redaktionellen Bearbeitung machen und auch gleich Textelemente generieren. »Dadurch können sich unsere Redakteure noch stärker darauf fokussieren, aktuelle Hintergründe und exklusive Stories zu recherchieren«, hieß es dazu von Chefredakteurin Sonja Schwetje.

Bei Axel Springer SE hat man auch schon große Pläne für den breit angelegten Einsatz von KI. Ein Schlüsselprojekt ist die Plattform Upday, die News für Nutzinnen und Nutzer zusammenstellt. Einst war sie als Erfolgsprojekt angepriesen worden, bei dem journalistische Profis die wichtigsten Nachrichten kuratieren. Ein großer Erfolg war für die Betreiber, dass die entsprechende App auf nahezu allen Smartphone-Modellen von Samsung in Westeuropa vorinstalliert wurde. Später aber kam die große Wende: Mit weniger Personal, dafür aber mithilfe von KI, soll der entsprechende Feed zusammengestellt werden. Unter anderem sollen einem Bericht des Medienfachdienstes *kress.de* zufolge die Anfragen und Trends der Suchmaschine Google zugrunde gelegt werden. Die jeweiligen Nachrichtenangebote sollen dann »in einer Vielzahl von Tonalitäten und Stilen präsentiert« werden. Es sei geplant, so wird Springer-Chef Mathias Döpfner in dem Bericht zitiert, beispielsweise Sprachversionen »für Jüngere im TikTok-Stil, eine mit längeren und differenzierten Texten für ein eher intellektuelles Publikum und eine unterhaltsame« zum selben Thema auszuspielen.

Die Welt aus dem Hause Axel Springer SE hat derweil schon längst die KI-Zukunft eingeläutet, indem sie für ihre Abonnentinnen und Abonnenten einen virtuellen Assistenten namens »WELTgo!« aufgelegt hat. Der funktioniert auf der Basis von ChatGPT, wird aber auch mit aktuellen Artikeln aus *Die Welt* gefüttert. »Sie können WELTgo! Fragen stellen und Aufgaben erledigen lassen«, heißt es euphorisch auf der Webseite des Verlags: »WELTgo! soll wie ein persönlicher Assistent arbeiten und Aufgaben übernehmen, die Ihnen lästig sind. WELTgo! löst viele Alltagsprobleme auf smarte Art und Weise und erleichtert Entscheidungen. Es ist ein neuer Weg, um Journalismus zu erleben.«

Und während etwa die *New York Times* gegen Microsoft und Open AI klagt, weil ihre Artikel ohne Rücksprache für das Training der KI-Modelle genutzt wurden, setzen andere Medien auf eine Kooperation mit den neuen Playern, die die Öffentlichkeit gestalten sollen. Ob *Wall Street Journal*, *Financial Times* oder *Le Monde* – viele folgen dem Beispiel von Axel Springer SE und schließen Vereinbarungen mit den Anbietern generativer KI.

Neben der Frage, ob KI in der Lage ist, Arbeitsplätze und Aufträge in den Redaktionen zu vernichten, stehen die inhaltlichen Bedenken. So sind die »generativen« Software-Produkte ohne eigenen Verstand, oft genug auch lassen sie jeglichen Sinn vermissen. Sie berechnen im Wortsinn, welche Antworten sinnvoll sein KÖNNTEN, teilen diese aber meist ohne jede Einschränkung im Brustton der Überzeugung mit. Zuweilen verweisen sie als Beleg sogar auf vermeintliche Quellen, die es gar nicht gibt. »Halluzinieren« nennen Fachleute diese »Arbeitsweise«. Gerade für den Journalismus ist das dramatisch, vor allem, weil Nutzerinnen und Nutzer KI-generierte Inhalte kaum erkennen können, wie Felix Koltermann, wissenschaftlicher Mitarbeiter mit dem Schwerpunkt Fotografie am Institut für Medien,

Theater und Populäre Kultur der Stiftung Universität Hildesheim, in einer Studie für das CISPA Helmholtz-Zentrum für Informationssicherheit herausfand.

Und es kommt in der Hauptsache darauf an, wie die Rohdaten für die KI-Anwendungen strukturiert sind. Schließlich basieren alle ausgeworfenen Resultate ausschließlich auf dem, was vorher in die Modelle eingespeist wurde. Mit Rechenoperationen werden dann Wahrscheinlichkeiten konstruiert. Wenn man viel Wasser in Wein gießt, wird der bald nicht mehr schmecken. Und bei der KI gilt das genauso: Zu viel Halbwissen oder Falschdarstellungen können ein zuverlässiges Ergebnis zum allzu wässrigen Wein machen. Schon heute warnen Fachleute davor. Deborah Schnabel von der Bildungsstätte Anne Frank beispielsweise machte im Interview mit der *FAZ* darauf aufmerksam, dass KI Vorurteile reproduziere: Man könne nicht »Vorurteile in die KI tragen und uns gleichzeitig erhoffen, sie mit ihrer Hilfe wieder aufzudecken und herauszufiltern«.

Auch die Kultur-Organisation UNESCO der Vereinten Nationen warnt vor den Gefahren, die von problematischen Inhalten einer KI ausgehen können. Ausdrücklich warnen die Expertinnen und Experten davor, dass die historische Darstellung des Holocaust verfälscht und Antisemitismus geschürt werden könne. Deshalb müssten dringend »entschiedene Maßnahmen zur Anwendung ethischer Grundsätze« bei generativer KI ergriffen werden. Die UNESCO weist darauf hin, dass Desinformationen über den Holocaust im Internet bereits weit verbreitet seien, etwa auf »Holocaust-Leugner-Webesites«. Auch durch solche Daten könne die KI trainiert werden, weil es an Überwachung genauso mangele wie an Anleitung und Moderation durch KI-Entwickelnde.

Zudem sei zu beobachten, so die UNESCO, dass durch KI Zeugenaussagen zum Holocaust verfälscht würden. Gerade solche gefälschten Bilder oder Audios seien eine Gefahr, da diese besonders glaubwürdig wahrgenommen würden, wenn junge Menschen ihnen auf Social Media-Plattformen begegnen.

Die Liste der Risiken ließe sich nahezu unendlich fortsetzen. Immerhin werben die Medienhäuser meist noch offensiv damit, dass sie anstelle von real existierenden Medienschaffenden Computer die Arbeit machen lassen. Dafür werden aber virtuelle Avatare entworfen, die möglichst lebensecht daherkommen sollen. Auf diese Weise soll eine ähnliche Bindung aufgebaut werden wie zu echten Menschen. Schließlich gibt es längst Chatbots, die beispielsweise Liebesbeziehungen vorgaukeln. Manche träumen schon von »Beziehungen« zu virtuellen Charakteren, die auf der körperlichen Ebene von Erotik-Robotern ergänzt werden.

Letztlich kommt es immer darauf an, wie man Technik nutzt. Schließlich kann ein scharfes Messer als Werkzeug sowohl dazu dienen, Speisen für schmackhafte Gerichte zu zerkleinern, aber auch dazu, Menschen Schaden zuzufügen oder sie sogar mit Stichen zu töten. Was die Anwendung des Werkzeugs KI angeht, sind wir in einem gesellschaftlichen Aushandlungsprozess, der gerade erst begonnen hat. Dass es ernsthafte Gefahren geben kann, zeigt ein Fall aus Belgien: Ein Chatbot soll jemanden in den Suizid getrieben haben. Es muss aber nicht gleich so existenziell bedrohend werden, es entstehen auch ungefährliche Anwendungen. So hat Richard Gutjahr darauf hingewiesen, dass Facebook »Dutzende KIs in seine Produkte integrieren« wolle, unter anderem »computergesteuerte Chatbots, die dank Stimme und Aussehen an berühmte Influencer:innen erinnern«. Gutjahr nennt diesen Trend, bei der Nutzerinnen und Nutzer beispielsweise mit einem virtuellen Pendant des Rappers Snoop Dog oder von Paris Hilton kommunizieren können sollen, »Synthetical Social Media«.

Durch solche Vorstöße stellen sich im Zusammenhang mit dem Journalismus Fragen, die tatsächlich zu einer Art »Deadline« für diesen Beruf führen könnten – mit unabsehbaren Herausforderungen für unser (friedliches) Zusammenleben. Ein nicht zu unterschätzender Aspekt ist dabei, welche KI man nutzt und wie sie erschaffen wurde und betrieben wird. Die Inhalte, die bei der »generativen Erstellung« von Texten, Bildern oder Tönen erzeugt werden, kommen schließlich nicht aus dem Nichts. Sie sind das rechnerische Ergebnis einer Ausforschung meist unvorstellbar vieler Quellen. Das ganze Internet wird dabei quasi aufgesogen und gespeichert, um es auf Anfrage in einem bestimmten Zusammenhang anhand von Algorithmen aufgearbeitet wieder »auszuspucken«. Bei den ersten Modellen dieser Art, die für ein breites Publikum gedacht waren und die entsprechend weltweit Schlagzeilen machten, gab es anscheinend kaum eine Einschränkung, womit sie »gefüttert« worden sind. Im Detail wird von den Betreibern nicht verraten, wie die Inhalte zustande kommen – wahrscheinlich aus gutem Grund, denn es gibt da gleich mehrere Angriffsflächen.

Zum einen gibt es im Internet eben Quellen von sehr unterschiedlicher Qualität. Schon ein Artikel aus dem *Spiegel* dürfte anders aussehen als einer aus der *Bäckerblume*, neben ordentlichen recherchierten und belegten Texten gibt es auch solche, die in völliger Unkenntnis zusammengeschrieben wurden, und dann sind da noch die gezielte Propaganda, das Lügen und die Desinformation. Nehmen Generatoren wie ChatGPT da eine Gewichtung vor? Wenn ja, welche? So richtig klar wird das nicht, wenn man die Datenbasis nicht umfassend offenlegt. Das birgt zugleich eine hohe Gefahr der Manipulation. Wenn es keine inhaltliche Gewichtung gibt, drohen diejenigen die Deutungshoheit zu gewinnen, die möglichst viel im Internet schreiben, ganz gleich, wie hoch der Wahrheitsgehalt solcher Beiträge ist. Chatbots und Trolle können so die öffentliche Meinung nicht nur beeinflussen, sondern dominieren.

Zum anderen versuchen die Initiatoren, möglichst viele Werke zu erfassen, die saubere Recherche und sprachliche Virtuosität garantieren: ganze Bücher beispielsweise. Die Bestsellerautorin Nina George hat zum Beispiel Werke aus ihrer Feder in entsprechenden Listen gefunden – sie wurden einfach abgespeichert und für die Bearbeitung aufbereitet, ohne dass sie jemand danach gefragt oder ihr gar ein Honorar dafür gezahlt hätte. George spricht deshalb von KI als Diebstahl. Sie ist davon überzeugt, dass ChatGPT & Co. das nicht dürfen, und engagiert sich unter anderem in der »Initiative Urheberrecht« für faire Regelungen, von denen auch die Autorinnen und Autoren profitieren. Andere argumentieren mit dem bisher erlaubten »Data Mining«, das die systematische Auswertung digitaler Quellen im Netz prinzipiell erlaubt. Es ist allerdings etwas anderes, wenn Suchmaschinen mit Links auf Veröffentlichungen verweisen. Denn die Inhaltsgeneratoren lenken die Aufmerksamkeit nicht auf originale Werke, sie geben sie einfach neu komponiert wieder und erwecken den Eindruck, dass sie selbst etwas geschaffen hätten. Dasselbe gilt für journalistische Beiträge.

Diejenigen, die ihren Lebensunterhalt mit »echten« Tätigkeiten wie Recherche und Formulieren verdienen, drohen
dabei auf der Strecke zu bleiben.

Zudem drohen sie unterschiedslos auf eine Stufe gestellt
zu werden mit jeglichen Produzentinnen und Produzenten
von Inhalten im Internet, wie Johanna Jürgens in einem
Artikel für *Die Zeit* aufgeschrieben hat. Demnach hatte der
Meta-Konzern vor, einen Buchverlag zu kaufen, um sämtliche dort publizierten Inhalte als Futter für seine KI nutzen
zu können. Gleichzeitig habe Google in seinen Geschäfts-
bedingungen das Recht verankert, »KI mit Nutzerdaten zu
trainieren, mit öffentlichen Dokumenten auf Google Docs
oder mit Restaurantbewertungen auf Google Maps«. Und
Microsoft rollt auf bestimmten Rechnern künftig eine »Re-
call«-Funktion aus, über die Bernd Oswald, Projektmanager
des vom *Bayerischen Rundfunk* initiierten interdisziplinären
AI for Media Network, bei *BR24*, dem trimedialen Nachrichtenangebot des *Bayerischen Rundfunks*. schrieb: »Eine
Art Supergedächtnis, mit dem man alles wiederfinden soll,
was man auf dem Computer gesehen oder gemacht hat. Der
Rechner speichert alle paar Sekunden eine Bildschirmauf-
nahme und analysiert den Inhalt mit KI-Modellen. Es ist ein
wenig, als würde einem jemand über die Schulter schauen,
während man an seinem Rechner sitzt.« Mithilfe von KI wären dann alle Nutzungen des PC im Nachhinein wieder abrufbar. Der Tech-Journalist Thomas Riedel machte dagegen
darauf aufmerksam, dass außer dem User niemand auf die
Daten zugreifen könne und sie das Gerät niemals verlassen
würden. Unterdessen irritierte der Meta-Konzern mit der
Ankündigung, Einträge bei Facebook & Co. fortan umfassend als KI-Futter verwenden zu wollen.

Ein weiterer Aspekt ist die Gefahr, dass Inhaltsgeneratoren so programmiert werden, dass sie eigene, wirtschaftliche Interessen bedienen. Der journalistische Nachwuchs lernt schon recht früh, dass Ergebnisse der Suchmaschine Google nur bedingt zuverlässig sind. Bei den Resultaten, die ganz oben in der Liste stehen, ist mit dem Hinweis »Gesponsert« mehr oder weniger deutlich zu erkennen, dass für die Platzierung bezahlt wurde. Aber auch bei den weiteren Ergebnissen besteht die Gefahr, dass der Algorithmus beeinflusst wurde und nicht die wichtigsten, sondern die aus Sicht des unternehmerischen Google-Betreibers Alphabet lukrativsten Treffer angezeigt werden. Wer sich nur die ersten Ergebnisse einer Google-Suche anschaut, gibt jegliche Steuerungsmöglichkeit aus der Hand. Während wir aus dem privaten Bereich eine solche Herangehensweise aus Bequemlichkeit nur allzu gut kennen, müssen Journalistinnen und Journalisten aufpassen, dass sie sich trotz Stress nicht dazu verführen lassen, sich allein auf die prominent servierten Einträge zu verlassen – mit seriöser Recherche hätte das nichts zu tun. Bei generativer KI jedoch lassen sich solche Beobachtungen und damit Gewichtungen gar nicht mehr vornehmen. Man ist der »Black Box« ausgeliefert, die die Betreiber errichtet haben.

Letztlich lässt sich bei einer unterschiedslosen Verwendung aller Netzquellen in KI-Modellen auch nicht mehr zwischen Journalismus und Public Relations unterscheiden, zwischen Berichterstattung und Reklame, zwischen Information und Propaganda. Wenn alles gleichberechtigt in die Trainingsdateien fließt, ist es relativ einfach, die Ergebnisse durch schiere Menge zu beeinflussen.

Die europäische Polizeibehörde Europol hat in einem Bericht eine düstere Prognose formuliert: In der allernächsten Zukunft, nämlich bereits im Jahr 2026, könnten 90 Prozent aller Onlineinhalte durch KI generiert sein, also nahezu alles. Das verändert die Notwendigkeit, sich mit der Ernsthaftigkeit und Professionalität von Quellen intensiver auseinanderzusetzen denn je. Es wird darauf ankommen, im Blick zu haben und zu verhandeln, wie generative KI programmiert, trainiert und angewendet wird, aber auch darauf, wie wir mit ihren Ergebnissen umgehen. Bisher haben derartige Debatten noch vergleichsweise zaghaft angefangen. Es ist aber ein so grundsätzliches Thema – auch für den Fortbestand unserer Demokratie –, dass ein weiteres Lamentieren und Abwarten brandgefährlich ist. Der Diskurs darüber muss beginnen. Jetzt!

4.
Visionen für den
Journalismus

Wie werden wir in einigen Jahren leben, wenn in Zeiten beschleunigten Wandels auch die technologischen Entwicklungen rasanter ablaufen als je zuvor? Der Zug geht hier in Richtung Digitalisierung, das scheint auch für den Journalismus klar zu sein. Aber welche Weichen werden für ihn gestellt? Wohin wird die Reise führen? Heute beherrschen große Tech-Unternehmen das Geschehen, sie werden auch die Big Five genannt: Alphabet (Google), Amazon, Apple, Meta (Facebook) und Microsoft. Inzwischen dürfte mit Bytedance auch der chinesische Anbieter von TikTok dazukommen. Aber werden diese Konzerne auch in Zukunft so viel Macht haben? Bei Facebook kann man schon jetzt beobachten, dass es eher von älteren Menschen genutzt wird und die Jüngeren dem Netzwerk den Rücken kehren. Könnte Facebook eines Tages in der Bedeutungslosigkeit verschwinden, gar abgeschaltet werden? Was unwahrscheinlich klingt, ist einem anderen einflussreichen Netzwerk längst passiert. Die Älteren werden Studi VZ noch kennen, zeitweise hatte es mehr als sechs Millionen Nutzende. Nach der Insolvenz des Betreibers ist es aber Geschichte und tatsächlich abgeschaltet.

Ähnlich verhält es sich mit einem Unternehmen, das in den jüngeren Zeiten des Internet als Gigant galt. Die Älteren werden sich an Tennis-Legende Boris Becker erinnern, der am Computer sitzend fragt: »Bin ich schon drin, oder was?!«, um sich dann selbst mit verzücktem Blick in die Kamera zu antworten: »Ich bin drin. Das ist ja einfach.« Es geht um America Online, kurz AOL. Die Republik wurde in den 1990er-Jahren geflutet mit CDs, auf denen die Software für den Internetzugang war. Mit laut fiependem Modem musste eine Verbindung aufgebaut werden, und das ging bei Weitem nicht immer so schnell wie bei Boris Becker. Man musste Geduld haben, bis man »drin« war, und die Nutzung des Internet wurde minutenweise teuer abgerechnet. AOL war nicht nur Tor zur WWW-Welt, sondern auch Mailprogramm und Chatdienst in einem und hat damit eine ganze Generation geprägt. Inzwischen ist es nahezu in der Bedeutungslosigkeit versunken, nur noch die Mailadressenendung »@aol.com« älterer Nutzerinnen und Nutzer erinnern noch an die Hochzeit des Unternehmens.

AOL hatte Ende der 1990er-Jahre noch versucht, mit dem Kauf des Konkurrenten ICQ die Spitzenposition zu halten beziehungsweise auszubauen. Der Messenger mit seiner »Oh-Oh«-Ankündigung brachte dem US-amerikanischen Unternehmen aber wenig Glück. Einige Jahre später wurde er schon wieder veräußert, und inzwischen wurde dieser Dienst komplett eingestellt. An dem Beispiel sieht man, wie schnelllebig es im digitalen Business zugeht. Kein Wunder also, dass die Big Five (oder: Six) viel investieren, um ihre Zukunft und ihren Einfluss zu sichern. Womöglich irgendwann sogar zu viel. Denn es ist niemals ausgeschlossen, dass zu große Monopolunternehmen eines Tages zerschlagen werden. Ein Beispiel dafür ist der einst übermächtige Telekommunikationskonzern AT&T, der auf Druck der US-amerikanischen Regierung aufgespalten werden musste. Gleichwohl dürften auch neue Anbieter durchaus eine

Chance haben, wenn sie die richtigen Angebote finden – im Großen wie im Kleinen.

Die Kommunikationswissenschaftlerin Miriam Meckel hat im Interview mit dem *Spiegel* dazu eine ermutigende Leitlinie formuliert. Im Zuge der Technisierung, so Meckel, könnten menschengemachte Formate wie Interviews künftig einen besonderen Mehrwert entfalten: »Ähnlich wie wir heute das Handwerk wertschätzen, könnte ich mir das in Zukunft auch für das Denk- und Sprechwerk vorstellen. Vielleicht sind wir dann bereit, für das Bio-Denken des Menschen sogar mehr zu bezahlen.«

Zunächst wird es wohl so sein, dass das Trägermedium für journalistische Inhalte in den Hintergrund rückt. Es wird nicht mehr relevant sein, ob etwas auf gedrucktem Papier, aus einem Audio- oder Videogerät, einem Computer oder Smartphone kommt. Es wird völlig unterschiedliche Möglichkeiten geben, Inhalte zu konsumieren. Traditionelle Modelle werden nicht vollständig wegbrechen, genauso wenig wie Bücher, Kino oder Vinylschallplatten heute vom Markt verschwunden sind. Aber sie werden dem Besonderen vorbehalten sein. Im Alltag wird es ganz unterschiedliche Wege geben, wie wir Text, Audio, Video und Hybridformen wahrnehmen. Das kann ein tragbares Gerät sein, das kann in eine Brille integriert sein – es ist aber auch denkbar, dass die Inhalte mithilfe von Kontaktlinsen sozusagen direkt »vor Augen geführt« werden. Einen ersten Schritt in diese Richtung verspricht beispielsweise ein Smartphone, das die Telekom angekündigt hat. Es kennt keine Apps mehr, sondern soll einen KI-generierten Assistenten haben. Die *Computerwoche* schrieb angesichts solcher Tendenzen bereits von einer »Auslöschung« von Smartphones.

Der Konsum ist aber vielleicht auch per spezieller Folien aus neuartigen Stoffen denkbar, die auf alle möglichen Gegenstände das Gewünschte projizieren. Schon heute gibt es interaktive Kampagnen, die Werbung auf Infoscreens im öffentlichen Raum mit entsprechenden Auftritten auf anderen Kanälen verbinden. *t-online.de* nutzt bereits die Synergieeffekte, die sich daraus ergeben. Der Live-Charakter, den wir heute vor allem aus Radio und Fernsehen kennen, kann sich verschieben auf konsequent subjektive Schilderungen oder unkommentierte Direktbilder auf Portalen, die eigentlich für das Live-Streamen von Games gedacht sind. Bei Attentaten oder dem gewalttätigen Sturm auf das Capitol in den USA hat es solche Ansätze bereits gegeben. Einerseits könnten solche Formate auch nach journalistischen Regeln funktionieren, andererseits könnten sie aber auch weiterhin zur Eigendarstellung derer missbraucht werden, die unsere Gesellschaft angreifen wollen.

Eines aber wird es immer geben: Informationen, Einordnungen und eine jeweils moderne Form des »Storytelling«, um neugierig auf Neuigkeiten zu machen. Die »Darreichungsform« von Journalismus ist aber nicht das Entscheidende, es geht vielmehr darum, ob Pressefreiheit verteidigt wird und wie wir mit der gesellschaftlichen Dienstleistung der Medienschaffenden umgehen.

In den folgenden Kapiteln werden nun inhaltliche Szenarien für den Journalismus entwickelt, die als Gedankenexperimente zu verstehen sind. Sie beruhen auf den bisherigen Entwicklungen, und diese werden weiterentwickelt zu einer negativen und einer positiven Richtung. Ob sich solche Szenarien in zehn oder in zwanzig Jahren zeigen werden oder es doch ganz anders kommt, kann niemand seriös voraussagen. Prognosen sind halt immer schwierig, wenn sie auf die Zukunft gerichtet sind. Gleichwohl lohnt sich ein Blick in alle mögliche Richtungen, soll aktiv mitgewirkt werden an der gesellschaftlichen Diskussion der journalistischen Zukunft und deren gemeinsamer positiver Beeinflussung.

Natürlich kann man die Frage aufwerfen, wie wir in Deutschland oder Europa uns mit konstruktiven Ansätzen womöglich einem internationalen Trend entgegenstellen können, der uns nicht gefällt. Zur Beantwortung dürfte es an der Zeit sein, sich an unseren Erfindungsgeist zu erinnern. Diesel-Motor, mp3-Standard oder Corona-Impfstoff: Wir hatten und haben das Zeug dazu, Bahnbrechendes zu ersinnen und damit weltweit den Takt vorzugeben. Dazu aber brauchen wir Visionen.

Worst Case-Szenario

»*Der Teleschirm war Sende- und Empfangsgerät zugleich. Jedes von Winston verursachte Geräusch, das über ein gedämpftes Flüstern hinausging, würde registriert werden (...) Man könnte natürlich nie wissen, ob man im Augenblick gerade beobachtet wurde oder nicht. Wie oft oder nach welchem System sich die Gedankenpolizei in jede Privatleitung einschaltete, darüber ließ sich bloß spekulieren. Es war sogar denkbar, dass sie ständig alle beobachtete. (...) Winston dreht sich abrupt um. Er hatte die ruhig-optimistische Miene aufgesetzt, die man klugerweise vor dem Teleschirm präsentierte. (...) Sie konnten einen Tag und Nacht bespitzeln, aber wenn man den Kopf behielt, konnte man sie überlisten. Bei all ihrer Gerissenheit hatten sie doch nie das Problem gelöst, wie man herausfand, was ein anderer dachte.*«

George Orwell hat diese Vision in seinem Roman »1984« entworfen. Der Teleschirm ist dabei ein technisches Gerät, eine Art Computer, der immer eingeschaltet bleibt. Und er ist Ausdruck der allgegenwärtigen Ausspähung und Überwachung. Was die Bürgerinnen und Bürger sich anschauen, wie sie kommunizieren, wie sie darauf reagieren – all das wird rund um die Uhr registriert. Allzu weit sind wir heute von dieser Gefahr nicht entfernt. Immerhin schrieb Orwell auch:

>*Bei all ihrer Gerissenheit hatten sie doch nie das Problem gelöst, wie man herausfand, was ein anderer dachte.*«

Doch das hat sich mit den sozialen Netzwerken längst erledigt. Sie laden gerade dazu ein, Emotionen zu verfassen und sich von emotionalen Postings beeinflussen zu lassen. Wer sich da was angeschaut hat, lässt sich problemlos nachvollziehen. Wenn diese Datenflut in die falschen Hände gerät, ist das dramatisch. Im Jahr 1948 hatte Orwell seine fiktive Erzählung geschrieben. Das Perfide an der imaginierten Zukunft des Schriftstellers ist auch, dass es in ihr unabhängigen Journalismus nicht mehr gibt. (Kriegs-)Propaganda ist allgegenwärtig, und Thema des Buchs ist auch, dass man gefälligst kein ungläubiges Gesicht zu machen hat, wenn Jubelmeldungen verkündet werden.

Kommen nicht nur die Daten aus unseren zeitgenössischen sozialen Netzwerken und allen mit ihnen verbundenen Computern und Geräten zusammen, sondern schickt sich dann noch eine autoritäre Regierung an, diese auch zu nutzen, ist die liberale Demokratie schnell am Ende – und mit ihr der freie Journalismus.

So unvorstellbar das klingen mag, ist die Gefahr doch real. Schon heute gibt es Länder, die den Zugang zu Informationen auch im Internet begrenzen. Manche Seiten können dort einfach nicht angesteuert werden, beispielsweise

Informationen der Opposition oder Berichte von internationalen Medien. »Früher haben Revolutionäre versucht, den Bahnhof unter ihre Kontrolle zu bringen und den Radiosender«, legt in der Gegenwart der Autor Klaus-Peter Wolf in seinem Kriminalroman »Ostfriesenhass« einer Figur in den Mund: »Ich hole mir die Kontrolle über diesen Podcast und werde mein Manifest in der ganzen Welt verbreiten.« Man kann sich lebhaft vorstellen, dass es bei diesem Manifest nicht um etwas Freundliches geht, sondern um einen Aufruf zum Hass.

In Zukunft sind es weder Bahnhöfe noch Radiosender oder Podcasts mit großer Reichweite, die eine Revolution begünstigen. Es geht um die vernetzte Welt, die Knoten- und Kontrollpunkte des Internet. Vor diesem Hintergrund ist auch die Debatte um ein Engagement der Volksrepublik China in Deutschland und Europa zu sehen. Das kommunistische und autoritär geführte Land kauft sich strategisch bei Einrichtungen der Infrastruktur ein. Und es versucht, mit seiner Firma Huawei möglichst viel an elektronischer Hardware zu liefern, möglichst große Teile unserer digitalen Lebenswelt zu durchdringen. Das reicht von Technik für den 5G-Standard im Mobilfunknetz bis hin zu Smartphones als Endgeräte in den Händen der Menschen. Mit TikTok wurde zudem ein soziales Netzwerk erschaffen, das innerhalb von kürzester Zeit viele Nutzerinnen und Nutzer gewonnen hat. Es muss keine bedrohliche Strategie dahinterstecken, es ist aber durchaus möglich, dass hier quasi Fußangeln für spätere Manipulationen gelegt werden.

Zugleich versucht der russische Präsident Putin, massiv Einfluss in Deutschland zu nehmen. Auch ihm liegt unabhängiger und kritischer Journalismus nicht gerade am Herzen, ganz im Gegenteil. In seinem Land wird die Opposition systematisch unterdrückt, Nachrichten werden zentral gesteuert, wirkliche Berichterstattung ist faktisch nur noch aus dem Exil heraus möglich. Zudem soll sich Putin mit Oligarchen, aber auch mit Kreisen der organisierten Kriminalität arrangiert haben. Wird sein Einfluss in unserem Land irgendwann so stark, dass solche Zustände auch bei uns drohen?

Beginnen wir mit einem Gedankenspiel auf der Basis realer Entwicklungen. Der »Flügel« in der AfD wird vom Verfassungsschutz als »erwiesen extremistische Bewegung« charakterisiert. Innerhalb der Partei ringen die verschiedenen Gruppierungen miteinander, mit offenem Ergebnis. Immer wieder können die Vertreterinnen und Vertreter der extremsten Positionen Punkte machen. Das ging vor der Europawahl 2024 so weit, dass selbst die Rechtsaußenpartei »Rassemblement National« in Frankreich (ehemals »Front National«) nichts mehr mit der AfD zu tun haben wollte. Deren weitere Radikalisierung scheint nicht ausgeschlossen. Zugleich wächst die Zustimmung zu dieser Partei innerhalb der Bevölkerung, nicht nur in Umfragen, sondern zunehmend auch bei Wahlen. Was passiert, wenn diese Kreise Regierungsbeteiligung bekommen, wenn sie womöglich eine absolute Mehrheit holen, wenn sie dann auch für Medienpolitik zuständig sind?

Alle ihre bisherigen Äußerungen deuten darauf hin, dass es dann mit einer umfassenden Meinungs- und Pressefreiheit vorbei ist. Deutschland könnte dann dem Weg vieler anderer Länder mit autoritären Regierungen folgen, den Trend verstärken, dass mehr als die Hälfte der Weltbevölkerung in explizit undemokratischen Systemen lebt. Die

Gefahr der Zensur jeglicher Veröffentlichungen liegt dann auf der Hand, und in der digitalen Welt wird das leicht umzusetzen sein. In Staaten wie China ist das Internet schließlich auch längst nicht mehr insgesamt frei zugänglich – nur bestimmte Seiten können angesteuert werden, andere sind konsequent gesperrt.

Es wäre wohl für die einzelne Bürgerin oder den einzelnen Bürger auch nicht mehr besonders schlau, sich mit einem solchen Staat anzulegen, weil dieser die Wirtschaft und eben womöglich auch die Organisierte Kriminalität auf seiner Seite hätte. Faktisch wäre eine Zensur, die per Definition vom Staat ausgeht, gar nicht mehr nötig. Es würde einfach die Aufmerksamkeit für unabhängigen Journalismus begrenzt, er würde »unerreichbar« gemacht. Zudem würden die verbliebenen Berichterstattenden aus Angst Wohlverhalten an den Tag legen, damit sie überhaupt noch ihrer Tätigkeit nachgehen können. Vorauseilender Gehorsam würde, wie in jeder Autokratie oder Diktatur, an der Tagesordnung sein. Schließlich wollen auch in und unter einem solchen System Menschen nicht nur überleben, sondern im Zweifel auch Karriere machen.

Der öffentlich-rechtliche Rundfunk würde aufgelöst oder unter strenge Kontrolle gebracht. Alle, die heute schon von einem Staatsfunk sprechen, würden dann erleben, was das in der Realität bedeutet. Und all jene, die schon heute behaupten, man dürfe nicht mehr alles sagen, was man denkt, würden die Wirklichkeit zu spüren bekommen wie Alexei Nawalny in Russland. Privatwirtschaftlich organisierte Verlage oder Sender würde es allenfalls noch aus dem direkten, persönlichen Umfeld der Herrschenden geben. Alle anderen Medienhäuser würden unter Kontrolle gebracht worden, im

Zweifel aufgekauft von der das Regierungsmonopol innehabenden Partei.

So etwas geht freilich kaum von heute auf morgen, wenn es nicht eine gewaltsame Revolution ist. Der Weg zur Gleichschaltung von Journalismus und Medien würde über die stückweise Entmachtung vorhandener Strukturen führen. In den entsprechenden Ländern hat man beobachten können, wie eine solche Politik der schmerzhaften Nadelstiche funktioniert. Zunächst schalten beispielsweise Ministerien keine Werbung mehr in den unliebsamen Medien. Unternehmen, die Aufträge vom Staat bekommen, werden dazu genötigt, ebenso zu verfahren. Die Gesetze werden Zug um Zug angepasst, um mehr Druckmittel zu erzeugen. Presserechtsanwälte werden dann nicht mehr nur in berechtigten Fällen oder willkürlich wie heutzutage bei Slapp-Verfahren gegen Berichterstattung vorgehen, sondern nun unter den neuen Begebenheiten bedrohlicher, effektiver und gnadenloser. Im nächsten Schritt werden Straftatbestände der Verunglimpfung oder Beleidigung so gefasst, dass jegliche kritische Äußerung als abweichendes Verhalten definiert wird.

Zuletzt werden alle Kommunikationsmittel unter Kontrolle gebracht. Es darf sich nur noch digital ausgetauscht werden, jede andere Form der Publikation wird ausgeschlossen. Die Internetkonzerne werden entweder verstaatlicht oder unter ein strenges Regime gebracht. Alle Geräte in den Händen der Nutzerinnen und Nutzer werden so zu »Teleschirmen«, die es staatlichen Stellen jederzeit erlauben, jede und jeden überall auszuspähen. Schmackhaft gemacht wird der Bevölkerung das durch verschiedene Lockangebote: Ähnlich wie heute bei Amazon wird der Medienkonsum gekoppelt an andere Dienstleistungen. Wer Mails verschicken, sich versichern oder Lebensmittel kaufen möchte, muss Mitglied bei einem zu diesen Zwecken geschaffenen, staatlichen »Teleschirm«- Unternehmen sein. Das Ziel ist es, keinen beruflichen oder privaten Bereich mehr zuzulassen, der sich der allgegenwärtigen Überwachung entziehen kann.

Verbunden wird dieses Vorgehen mit einem »Sozialpunkte«-System, wie es im Ansatz bereits in der Volksrepublik China besteht. Auch im öffentlichen Raum wird die Überwachung konsequent angewendet, sodass kleinste Verfehlungen mit einem Punktabzug bestraft werden. Wer bei Rot über eine Ampel geht, wer gegen die Politik der Regierung demonstriert, wer auch nur im Gespräch mit Anderen Kritik an den gesellschaftlichen Verhältnissen übt, bekommt als Quittung Minus-Punkte. Für die Unterstützung der Herrschenden, für ehrenamtliches Engagement oder für Spenden an die regierende Partei gibt es dagegen Pluspunkte. Eine Wohnung in einer Stadt oder ein Job sind nur bei einem gut gefüllten Punktekonto zu bekommen.

Das sind extrem düstere Aussichten, die so bei uns hoffentlich nie Realität werden. Es gibt aber auch weniger umstürzlerische Visionen, die dafür sorgen können, dass der Journalismus faktisch auf eine Deadline hinsteuert. Wenn sich Journalismus zunehmend kaum noch eigenständig finanzieren lässt, ist es nur eine Frage der Zeit, bis dubiose Kräfte ihre Finger ausstrecken, um die öffentliche Kommunikation fest in ihre Hände zu nehmen. Milliardäre oder Parteien könnten Medien aufkaufen, um sie nach ihren Wünschen zu gestalten. Ganz so unrealistisch ist das nicht, wenn man sich das Vorgehen von Elon Musk bei Twitter anschaut. Wer wie er Hassreden zum Teil freien Lauf läss so-

wie aus urpersönlichen Gründen und aus politischer Überzeugung willkürliche Entscheidungen trifft, leistet nicht wie
behauptet dem Grundrecht auf Meinungsfreiheit Vorschub.
Vielmehr versündigt er sich an einer demokratischen öffentlichen Kommunikation.

Nun kann man Elon Musk als erratisch agierenden Einzelfall abtun. Und in der Tat: Eine stringente Strategie ist in
seinem Handeln nicht wirklich zu erkennen. Wer aber eine
demokratische Öffentlichkeit mit vollem Vorsatz gar nicht
will und bei Medien – seien es Plattformen oder journalistische Massenmedien – die kommerzielle Macht übernimmt,
ist in der Lage, Strukturen der Öffentlichkeit zu beschädi-
gen oder gar faktisch abzuschaffen. Der Soziologe Max Weber hat Macht definiert als Chance, den eigenen Willen auch
gegen Widerstände durchzusetzen. Wenn die Macht im Medienbereich in die falschen Hände gerät, droht quasi ein
Automatismus der Durchsetzbarkeit. Wer es schafft, den öffentlichen Kommunikationsraum zu beschränken, also die
veröffentlichte Meinung zu manipulieren, bestimmt damit
die Struktur und Inhalt der öffentlichen Meinung.

Schon seit Langem behaupten extremistische Kreise in
Deutschland, dass wir bei ihrer publizistischen Behandlung
und Darstellung bereits an diesem Punkt seien. Sie fühlen
sich mit ihren Beleidigungen, ihren Vorwürfen ohne Fakten-
basis und ihren Hassreden nicht hinreichend wahrgenommen. Im Gegenzug spielt sich, was früher ein Fall für Polizei
oder Psychiatrie gewesen wäre, inzwischen ohne Scham auf
der großen Bühne Internet ab. Viele wenden sich dann mittlerweile angewidert davon ab, weil es sie zu viel Kraft kostet,
ständig gegen die Viel-Poster und Bots zu argumentieren,
zumal man befürchten muss, dann in einen umfassenden

und herabsetzenden »Shitstorm« zu geraten. Die Folge ist immer häufiger eine Medienverweigerung oder zumindest eine Enthaltsamkeit bei der Kenntnisnahme gesellschaftlicher und politischer Themen. Für die Demokratie ist das dramatisch – durchaus eine beabsichtigte Folge derer, die das öffentliche Klima vorsätzlich vergiften wollen.

In diesem Zusammenhang sind Entwicklungen der jüngsten Vergangenheit durchaus geeignet, eine solche Haltung zu befördern. Die Einschränkungen der Freiheitsrechte im Zuge der Corona-Pandemie haben beispielsweise eine zum Teil erbittert geführte Diskussion ausgelöst. Umfangreiche Ausgangssperren, die Sperrung von Gastronomie oder Kultureinrichtungen ohne deutlich erkennbares Konzept, die Affären um den staatlichen Kauf von Masken haben viele Menschen zumindest stark verunsichert. Auch im Zusammenhang mit dem Klimawandel sind existenzielle Ängste entstanden, zunehmende Unwetter tragen ebenfalls zur Verunsicherung bei. Die Politik vermittelt allzu oft ein Bild der Ratlosigkeit, Fehler werden kaum öffentlich eingestanden – obwohl sie selbstverständlich sind, schließlich sind es Menschen, die Politik machen.

Die Befürchtung, dass Notstände auch konstruiert werden könnten, um Freiheiten einzuschränken, bewegt so manche auch mit Blick auf andere Länder. Bei den Ausgangssperren zur Corona-Pandemie wäre es sinnvoll gewesen, von Anfang an die Parlamente – also die gewählten Vertreterinnen und Vertreter des Volkes – konsequent mit einzubinden. Dann wäre die Abwägung zwischen dem Recht auf körperliche Unversehrtheit und den Freiheitsrechten nachvollziehbarer gewesen und hätte so für mehr Akzeptanz gesorgt. Hinzu kommt, dass in den verschiedenen Bundesländern sehr unterschiedlich mit der Frage umgegangen wurde, ob Journalistinnen und Journalisten zur Gruppe der systemrelevanten Berufe gehören.

Wenn unabhängige und freie Recherche und Berichterstattung durch pauschale Ausgangssperren weitgehend verhindert wird, verstößt das gegen das Grundrecht auf Pressefreiheit. Auch in einer absoluten Krisensituation dürfen staatliche Eingriffe nicht so weit gehen, dass sie ohne hinreichende demokratische Abwägung solche Menschenrechte aushebeln. Ansonsten wird so die Blaupause geschaffen für autoritäre Eingriffe in der Zukunft. Würden wie in der Weimarer Republik regelrechte Straßenschlachten stattfinden, weil Gruppierungen auch durch soziale Netzwerke gegeneinander aufgehetzt werden, ist das durchaus geeignet, einen neuerlichen Notstand auszurufen.

Eine Deadline für den Journalismus kann aber auch dadurch entstehen, dass die Grenzen zwischen Information und Desinformation weiter verschwimmen. Dazu braucht es keine Revolution und keine Machtdurchsetzung, um das extremistisch gewünschte Ergebnis zu bekommen. Manche fühlen sich gerade in Krisenzeiten einfach überfordert von vielen negativen Nachrichten, sodass sie in andere, angenehmere Welten flüchten. Das kann die Unterhaltung sein, das kann aber auch die Darstellung vermeintlich einfacher Lösungen für tatsächlich komplexe Probleme sein.

Der Medienunternehmer und Publizist Sebastian Turner hat in *Die Zeit* beschrieben, wie die islamfeindliche Organisation »Pegida« sich in Dresden etablierte. Zunächst haben die Initiatoren bei Facebook Gruppen gegründet, die sie als sogenannte Administratoren betrieben. In dieser Funktion kann man bestimmen, wer an einer solchen »privaten«

Gruppe teilnehmen darf und wer nicht. Nach und nach sind gemäßigte Stimmen ausgesperrt worden: »Schließlich waren sie ganz unter sich und konnten einander virtuell in größte Islam-Angst versetzten – in einer Region, in der es real kaum Muslime gibt.«

Wenn dann noch ein informativer Nutzwert hinzukommt, können solche »Gruppen« schnell zu einem Massenphänomen werden, sei es über Facebook oder über entsprechende Konstruktionen bei Messangerdiensten wie WhatsApp oder Telegram. Wenn lokale Medien wegbrechen und es so keine Terminhinweise für Events, keine Berichterstattung über Kommunalpolitik und keine Tipps für Sonderangebote mehr gibt, die allgemein verbreitet werden, gewinnen solche Onlinegruppen an Bedeutung. Zugleich gibt es gerade im ländlichen Bereich unserer Republik häufig keine funktionierenden zivilgesellschaftlichen Strukturen mehr. Vereine, Kirchen oder Parteien verlieren Mitglieder, zugleich fallen dadurch aber auch immer häufiger Treffen, gemeinsame Erlebnisse und gegenseitiger, persönlicher Austausch weg. Menschen sehnen sich aber nach solchen Events, die zunehmend von Radikalen organisiert werden. Vom Grillabend bis zum Konzert scheinen es allein sie zu sein, denen es noch gelingt, eine relevante Zahl an Bürgerinnen und Bürgern zur realen Begegnung zu bewegen. Nutzwert gepaart mit Ideologie kann dann schnell dazu führen, dass demokratische Meinungen ausgegrenzt werden. Das ist nicht nur denkbar für soziale Netzwerke ihre und immer größer werdenden Gruppen, sondern auch für etablierte Mediengattungen. Wenn genug Geld verfügbar ist, können eben nicht nur explizit extremistische Zeitungen, Onlineportale oder Sender gegründet werden. Es ist bleibt denkbar, dass vorhandene Publikationsorgane einfach aufgekauft und inhaltlich »umgedreht« werden.

Wenn das Grundrauschen der Fake-News derart laut wird, dass Fakten keine Chance mehr haben, wahrgenommen zu werden, ist der Journalismus am Ende. Wer entweder die Falschdarstellungen glaubt oder sich als Folge von Überforderung abwendet, ist für reale Informationen nicht mehr erreichbar und so auch nicht mehr in der Lage, bei Wahlen abgewogene Entscheidungen zu treffen. Eine extrem niedrige Wahlbeteiligung und die Unterstützung radikaler Parteien können die Folge sein.

Abseits dieser Herausforderungen steht aber auch eine Entwicklung zu befürchten, die sich aus der wirtschaftlichen Basis für Medienschaffende und -häuser ergibt. Journalismus ist ein Beruf, von dem Menschen leben und für den die dort Tätigen – wie in anderen Branchen auch – leistungsgerecht entlohnt werden wollen. Wenn die Bereitschaft, für redaktionell erstellte Produkte zu bezahlen, noch weiter nachlässt, gerät nicht bloß ein Wirtschaftszweig in Gefahr. Durch die entstandene Übermacht der »sozialen« Plattformen gilt die gut recherchierte Originalquelle plötzlich nicht mehr so viel wie in vergangenen Zeiten.

Wenn sich der Trend fortsetzt, Mitarbeitende zu entlassen und Publikationen zu schließen, entsteht eine Nachrichtenwüste. Wo professionelle Beobachtung, Beschreibung und Analyse gesellschaftlichen Handelns fehlen, haben deren Verächter und Ablehner freies Spiel. Es ist dann schlicht niemand mehr da, der über Fehlentwicklungen, Manipulation oder Korruption berichten und so Öffentlichkeit schaffen kann. Die Vielzahl womöglich kritischer Einzelstimmen findet keinen Kanal mehr, auf dem die Einordnung der Situation gebündelt werden kann. Nur noch eine Elite kann sich teure Fachpublikationen leisten. Das Verbindende einer Gesellschaft, jegliche Gemeinsamkeit und das Vertrauen in Institutionen würden schnell erodieren.

Man stelle sich einmal vor, Plattformen wie Parler oder Truth Social würden die vorherrschenden Instrumente zum Austausch zwischen Bürgerinnen und Bürgern sowie den gesellschaftlichen Institutionen. Wie gezeigt, ist der dauerhafte Erfolg der heute populären Plattformen keineswegs garantiert. Wenn die Politik falsch handelt, ist das genauso gefährlich, als wenn die Politik gar nicht handelt. Die Ideologie, dass der Markt alles regelt, kann beim Kulturgut Journalismus zur latenten Gefahr werden, die sich bei einer entstehenden Kartell- und Monopolsituation Bahn brechen kann.

Durch mögliche Anreize, die wir uns heute womöglich noch nicht vorstellen können, kann sich die Medienlandschaft rasant zum Negativen wandeln. Die Verbindung medialer Produkte mit anderem Mehrwert, wie es Amazon schon längst bietet, könnte schnell Verbreitung finden und zu einem Kartell mutieren. Was passiert, wenn Supermärkte aus irgendwelchen Gründen schließen müssen? Sei es aufgrund behördlicher Vorgaben oder wegen wirtschaftlicher Probleme? Wenn dann unsere Versorgung mit Lebensmitteln nur noch mithilfe eines Zustelldienstes sichergestellt werden kann? Dieser Dienst würde dann gleichzeitig elementare Aufgaben der Daseinsvorsorge übernehmen. Im Wahn immer weitergehender Privatisierungen würden Post, öffentlicher Personenverkehr oder eben Telekommunikation von einem gigantischen Unternehmen organisiert werden. Das kann das schnell politisch missbraucht werden. Oder ein solches Konstrukt wird eben staatlich aufgesetzt.

Man stelle sich vor, dass die Diktaturen auf deutschem Boden wie der Nationalsozialismus oder der »real existierende Sozialismus« der DDR bereits solche massenwirksamen Instrumente gehabt hätten.

Das finanzielle Austrocknen der Medienbranche ist dabei keine hoch theoretische Vision für eine ferne Zukunft. Es hat längst begonnen: Der öffentlich-rechtliche Rundfunk steht unter Beschuss wie nie in seiner Geschichte. Politisch gewollt ist, dass der Rundfunkbeitrag zumindest nicht steigt. Weil nahezu alle Kosten, die zu den Produkten des Rundfunks gehören, aber steigen, ist das unter dem Strich ein Minus. So ist es kein Wunder, dass bereits offensiv die Einstellung von Sendungen und die Reduktion der inhaltlichen Angebote gefordert werden. Denn zu den notwendigen Sparmaßnahmen kommt noch die Herausforderung, auch in den sozialen Netzwerken um Publikum zu kämpfen. Auch das ist nicht zum Nulltarif zu haben. Die reale Gefahr ist, dass sich die öffentlich-rechtlichen Sender dort dauerhaft nicht durchsetzen, weil sie gemäß ihrem Auftrag die Spirale aus Boulevardisierung und Emotionalisierung, die die bisherigen sozialen Netzwerke voraussetzen, gar nicht überdrehen dürfen.

Wenn die Grundversorgung, die *ARD*, *ZDF* und *Deutschlandradio* nach ihrem verfassungsmäßigen Auftrag leisten sollen, beim Publikum nicht mehr in der Breite ankommt, besteht die Gefahr, dass sich die Politik von dem Konzept verabschiedet. Die Wahrscheinlichkeit, dass eine Mehrheit für eine entsprechende Änderung des Grundgesetzes zustande kommt, ist absehbar zwar nicht sonderlich groß. Eine immer weitere Absenkung der Einnahmen könnte aber zusätzlich dazu führen, dass immer weniger Menschen erreicht werden. Schließlich fließt ein großer Teil des Rundfunkbeitrags gar nicht in das aktuelle Programm, sondern in die finanzielle Sonderbelastung über viele Jahre aufgebauter Verpflichtungen zu Betriebsrenten an ehemalige Mitarbeitende.

In der privaten Medienwirtschaft wird sich ohne weitere Regulierung oder unterstützende Maßnahmen ein zunehmend erbitterter Konkurrenzkampf ergeben, der faktisch automatisch auf Kartelle zuläuft. Nur noch wenige Medienhäuser bestimmen dann landesweit, was berichtet wird, weil alles in Zentralredaktionen zusammenläuft. Formal wird es dann noch lokale Marken geben, sodass der Eindruck entsteht, die alten Redaktionen sind noch vorhanden. Tatsächlich aber wird der gesamte Content von KI gesteuert. Eigenständige Recherche findet kaum noch statt, weil das viel zu teuer wäre.

Im lokalen Bereich würde das zu einer ausufernden »Selbstbedienungsmentalität« und Korruption auf kommunaler Ebene in den Rathäusern führen. Alexandra Holland, Herausgeberin der *Augsburger Allgemeinen*, hat einen solchen Zustand treffend am Beispiel der USA beschrieben, in denen viele Bereiche schon heute »zeitungsfreie Zonen« geworden seien: »Das heißt, ganz konkret: In diesen Städten sitzt kaum noch ein Lokalreporter in den Stadtratssitzungen. Es ist niemand mehr dabei, wenn strittige Baugenehmigungen erteilt werden. Keine Zeitung investiert mehr in die regelmäßige Berichterstattung über komplizierte Themen, wie das (oft korrupte) Gesundheitswesen oder in die Beantwortung der Frage, ob die staatlichen Pensionen am Aktienmarkt wirklich gut angelegt sind. Nach einer Untersuchung ist in lokalen Bereichen der USA häufig dort die Korruption angestiegen, wo die Wächterfunktion der Presse fehlt.«

Auch der Journalismusforscher Otfried Jarren befürchtet solche Entwicklungen. An den öffentlichen Sitzungen der politischen Gremien würden häufig Journalistinnen und Journalisten als einzige aus der Öffentlichkeit teilnehmen, so Jarren: »Sie üben damit, stellvertretend für uns, durch ihre reine Präsenz eine Kontrollfunktion aus. Bei vielen Gerichtsverhandlungen stellen allein Journalisten die Öffentlichkeit her. Und vielfach kommt dabei nichts Sichtbares heraus, etwa weil über eine Verhandlung kein Bericht erscheint.« Fällt diese Tätigkeit weg, wird es gefährlich, wie auch die Anti-Korruptions-Organisation transparency international sieht, die davon spricht, dass Korruption beflügelt wird, wenn es weniger regionale Medien gibt.

Und in der Tat, auch das alles ist wahrlich keine abwegige Vorstellung, sondern bereits heute bittere Realität. Selbst in Großstädten wie Köln werden Sitzungen der Fachausschüsse im Rathaus nur noch selten von Medienschaffenden begleitet. Und das, obwohl dort verbindliche Entscheidungen getroffen werden. Sie werden nur nicht mehr der Öffentlichkeit kommuniziert. Eine »Chronistenpflicht«, wie es sie einst selbstverständlich für regelmäßig erscheinende journalistische Produkte wie zum Beispiel Tageszeitungen gab, wird aus Kostengründen systematisch vernachlässigt. Erst nach und nach stellen die Bewohnerinnen und Bewohner fest, dass sich aufgrund politischer Weichenstellungen etwas ändert. Durch die mangelnde Kommunikation sind sie aber daran gehindert, sich im politischen Prozess selbst einzubringen. Diejenigen, die die Ressourcen aufbringen können, solche Entwicklungen professionell zu begleiten, haben dann einen unerreichbaren Vorteil. Sie nehmen nicht nur Einfluss, wie es in einer Demokratie legitim ist, sie üben faktisch Macht im Sinne Max Webers aus: unkontrolliert und mit höchster Wahrscheinlichkeit eher auf die Durchsetzung der eigenen Interessen konzentriert als auf das Allgemeinwohl.

Ein Angriffspunkt werden dann auch die Journalistinnen und Journalisten selbst sein, die es noch gibt. Nur noch sehr wenige werden das hauptberuflich machen und davon leben können. Es ist eher ein Nebenjob oder ein Hobby, ihr Geld müssen die Medienschaffenden auf andere Weise verdienen. Zum Teil werden die Mischunternehmen ihnen dazu die Gelegenheit bieten. Was bis dato verpönt war, wird zur Normalität. So werden diejenigen, die über eine Firma zu berichten haben, wenn sie dort Kontakt aufnehmen, gleichzeitig nach Werbeanzeigen fragen. Man könnte auch sagen, sie werden betteln. Wo es noch Tageszeitungen gibt, werden sie sie selbst austragen müssen. Und gleich noch Lebensmittel und andere Waren mit ausliefern.

Oder sie werden von denen umgarnt, die es gerne hätten, dass über sie schmeichelhaft berichtet wird. Die Bestechung von Journalistinnen und Journalisten wird an der Tagesordnung sein. Mal plump mit Bargeld oder mit Reiseeinladungen, mal filigran konstruiert und verschleiert, sodass der Zusammenhang zwischen einer Honorarzahlung für angebliche Beratungstätigkeiten und einer positiven Berichterstattung nicht so ohne Weiteres nachzuvollziehen und zu beweisen ist. Oder auch hier recht hemdsärmelig, indem man vormittags für 5.000 Euro die Rede der Vorstandsvorsitzenden einer Aktiengesellschaft schreibt und nachmittags genau über die Hauptversammlung berichtet, für die man diese Rede verfasst hat. Hat ja auch einen Vorteil: Man kennt die Inhalte schon. An Honorar gibt es für den Beitrag dann aber nur noch 25 Euro. Es braucht keine große Phantasie, sich bewusst zu machen, wo die Loyalitäten solcher Journalistinnen und Journalisten liegen. Im Wortsinn un-abhängige und kritische Berichterstattung wird es von den beteiligten Medienschaffenden gegenüber dem geldgebenden Unternehmen jedenfalls mit Sicherheit nicht geben – man würde sich ja selbst um eine Haupteinnahmequelle bringen.

Bei einer dramatischen Konzentration von Medien und dem Einsparen »echter« Recherche spalten sich die wenigen Häuser, die weiterhin publizieren, dann nach politischen Lagern und versuchen auf diese Weise, ein Publikum zufriedenzustellen. Mit seriösem Journalismus hat das nicht mehr viel zu tun. Nach dem Vorbild von *Fox News* in den USA spitzen sich die populistisch aufgeregten Beiträge und Kommentare derart zu, dass es gar nicht mehr darum geht, objektiv zu informieren und fair einzuordnen. Es geht allein darum, Aufmerksamkeit zu erzeugen, Quoten zu generieren und das eigene wirtschaftliche Wohlergehen des Medienhauses zu sichern.

Gleichzeitig rüsten die PR-Abteilungen in Behörden, Institutionen und Unternehmen mit Journalismus-ähnelnden Angeboten derart auf und verstopfen den Markt, dass von der Aufmachung her hochwertiger Inhalt nur noch von solchen Anbietern im Netz zu finden ist. Zuweilen wird er auch von den wenigen noch vorhandenen Medienunternehmen, allenfalls mit marginalen Änderungen, übernommen. Für klassisch journalistisch Tätige, die in erster Linie der Gesellschaft gegenüber verpflichtet sind, gibt es in diesem Modell keinen Platz mehr. Sie können allenfalls noch an elitären Veröffentlichungen wirken, beispielsweise beim Schreiben

von Büchern oder der Veröffentlichung von Hintergrundbe-
richten auf unbedeutenden Webseiten. Für sie wird dieses
»Geschäft« zu einer Selbstausbeutung.

Andere Inhalte werden dann nicht mehr wirklich erstellt, sondern bloß noch kuratiert und gesampelt. KI-Anwendungen führen dann ein verheerendes Eigenleben. Was
Grundlage der Inhalte ist, die sie erstellen, wird völlig un-
berechenbar und unerkennbar. Wissenschaftliche Erkennt-
nisse fließen in automatisch generierte Texte genauso ein
wie verschwörungserzählerische Pamphlete. Überbordende
Lobpreisungen der Quellen stehen neben Beschimpfungen und Verleumdungen, sie gelten als gleichberechtigt.
Zwischen Lüge und Wahrheit wird nicht mehr ansatzweise
unterschieden. PR-Botschaften und staatliche Propaganda
werden über unzählige automatisierte Bots derart häufig im
Internet publiziert, kopiert, weitergeleitet und positiv kommentiert, dass sie auch rein rechnerisch als Mehrheitsmei-
nung definiert werden. Für die digitalen Generatoren sind
sie damit taktgebend. Wer ChatGPT, oder wie auch immer
die Werkzeuge dann heißen, eine Frage stellt oder sie einen
»journalistischen« Bericht erstellen lässt, wird den Einheits-
brei der interessengesteuerten »Informationen« bloß neu
angerührt bekommen. Und überhaupt: Lügen sind ja auch
nur »alternative Wahrheiten«, wie wir von einst regierungs-
amtlicher Stelle aus dem Weißen Haus in Erinnerung haben.

Wer sich gegen so von Computern zusammengeschus-
terte Berichterstattung wehren will, hat nahezu keine Chance. Eine KI lässt sich nicht verklagen, die Betreiber sehen
sich nur als Organisatoren einer Plattform, und in den Medienhäusern wehrt man sich dagegen, angesichts der neuen
Realitäten mit gestrigen Vorstellungen von Journalismus

und Persönlichkeitsrechten behelligt zu werden. Menschen werden auch überschätzt in dieser schönen neuen Welt. Zwar hatten, als KI-Generatoren massentauglich wurden, Schauspielerinnen und Schauspieler sowie Autorinnen und Autoren versucht, sich mit Zugeständnissen eine Zukunftsgarantie zu erkaufen. Es sollte aber nicht lange dauern, als sie faktisch doch abgeschafft werden sollten. Die Gelüste der Branche, mit KI Geld zu sparen, hörten nicht auf. So kündigte der Produzent Ashton Kutcher umgehend an, dass er in seinen Filmen künftig auf Menschen verzichten und sie stattdessen mittels einem generativen Video-Werkzeug von OpenAI ersetzen wolle. Das mitten in dem Jahr 2024, als ich dieses Buch schreibe. In meiner Vision für die Zeit in zehn oder zwanzig Jahren ist das nur der erste unverblümt ausgesprochene Schritt zum Eindampfen ganzer kreativer Branchen – der Beginn einer Deadline auch für den Journalismus.

Das kann alles so kommen, muss aber nicht. Es liegt an jeder und jedem Einzelnen von uns, ob der Journalismus den Weg in die Deadline geht oder nicht. Die Nachfrage bestimmt, ob es für dieses Kulturgut eine Akzeptanz und auch einen Markt gibt. Um es an dieser Stelle noch präzise zu ergänzen: Es kann nicht nur darum gehen, den Journalismus gegen Angriffe zu verteidigen. Es muss auch darum gehen, ihm gegenüber nie gleichgültig zu werden. Nachrichtenvermeidung als Zukunftsvision ist nicht neutral. Sie trägt dazu bei, dass sich die beschriebenen negativen Entwicklungen Bahn brechen können.

Good Case-Varianten

Nachdem hier Gefahren und Herausforderungen für den Journalismus der Zukunft beschrieben wurden, soll es jetzt um die Chancen gehen. In unserer optimistischen Vision wird der Journalismus eben nicht an Bedeutung verlieren. Er muss und wird sich aber neu ausrichten: Nicht, was die berufsethischen Rahmenbedingungen angeht. Aber was die »Darreichungsform« betrifft. Der Begriff kommt aus der Medizin und meint die korrekte Form für die Dosierung und Aufnahme von Medikamenten. Wie beschrieben, ist Journalismus nicht nur ein geistiges Lebensmittel, sondern auch ein wirkungsvolles Medikament gegen gesellschaftlich abträgliches Verhalten. Wer die Demokratie angreift, wer lügt und betrügt, bekommt es mit dem Journalismus zu tun. Der »vierten Gewalt«, die im Auftrag und im Namen der Gesellschaft ebendiese beobachtet und beschreibt, entgehen solche Verfehlungen nicht: Medien recherchieren, berichten darüber und stellen sie zur öffentlichen Diskussion. Dass Mächtige davor zuweilen Angst haben, ist durchaus verständlich. Umso wichtiger ist es, den Journalismus nicht zum reinen Geschäft zu machen und ihn von überbordenden Einfluss- und Machtgelüsten der Mächtigen zu schützen. Das heißt zugleich, ihn leidenschaftlich gegen Angriffe zu verteidigen.

Solche Angriffe gibt es sowohl verbal als auch körperlich schon immer häufiger. Wollen wir vermeiden, dass diese Entwicklung anhält, müssen wir uns damit auseinandersetzen. Vor Jahren noch wäre es unvorstellbar gewesen, dass eines Tages aggressive »Lügenpresse«-Rufe auf Deutschlands Straßen wieder Normalität werden, dass es gewalttätige Übergriffe auf Medienschaffende gibt. Mit gesellschaftlichem Anstand hat das nicht mehr zu tun. Unsere Zukunftsvision enthält einen Aufstand der Anständigen: Sie lassen nicht zu, dass das gesellschaftliche Klima derart weiter vergiftet wird. Wissenschaftlerinnen und Wissenschaftler sehen sich mit ähnlichen Vorwürfen konfrontiert, weshalb sie eine Zeit lang »Marches for Science« abgehalten und für Faktentreue demonstriert haben. Auch »Marches for Journalism« sind denkbar, wenn sich die Situation zuspitzt.

In der nun folgenden Vision hat sich das Mediengeschäft weiter dramatisch verändert. Digitaler Konsum steht im Mittelpunkt. Nachrichten, Informationen und Einordnungen gehören zur selbstverständlichen täglichen Routine, um mitreden zu können. In der Familie, mit Freundinnen und Freunden, Kolleginnen und Kollegen wird darüber gesprochen, was in unserer Stadt, in unserem Land, in Europa und auf der Welt vor sich geht. Krisen und Kriege haben uns bewusst gemacht, welchen Wert Freiheit und liberale Demokratie für unseren Alltag haben. Deshalb sind wir alle davon überzeugt, dass dieser Lebensstil ständig reflektiert und verteidigt werden muss.

Das wird auch Auswirkungen auf die Inhalte künftiger Medienpublikationen haben. »Konstruktiver Journalismus«, der bisher noch als vergleichsweise zartes Pflänzchen gedeiht, wird zum Standard qualitätsvoller Berichterstattung. Dabei geht es nicht um »Positivismus« oder »Jubel-Journalismus«. Niemand kann Interesse daran haben, dass Nachrichten ausschließlich Gutes vermelden, denn leider wird auch in der Zukunft nicht alles schön sein in der Welt. Es wird weiterhin Verbrechen, Katastrophen und politische

Krisen geben. Die Frage ist nur, wie man im Journalismus damit umgeht. Die reine Zuspitzung auf gegnerische Protagonistinnen und Protagonisten, der quotenorientierte Fokus auf Streitigkeiten und der Wettlauf um die negativste Darstellung werden der Vergangenheit angehören: Auch, weil das Publikum das nicht mehr will.

Stattdessen wird der »Konstruktive Journalismus« so gelebt, wie ihn beispielsweise das »Bonn Institute« beschreibt. Die als gemeinnützig anerkannte Organisation widmet sich mit Forschungsprojekten, Workshops und anderen Formaten der Vermittlung ihres Ansatzes, der auf drei Säulen beruht. Der Fokus von journalistischer Berichterstattung soll demnach auf Lösungen liegen, also nicht bloß auf der Beschreibung herrschender Probleme und der zugespitzten, meist vorwurfsvollen, Meinung einzelner Akteurinnen und Akteure. Außerdem wird eine Vielfalt der Perspektiven eingefordert. Es sollen also nicht immer die »üblichen Verdächtigen« zu Wort kommen, sondern in ausgewogener Weise verschiedene Beteiligte, die ihre Sichtweise auf ein Problem ausdrücken. Dazu gehört auch die Selbstreflexion der Berichterstattenden, ob und inwieweit sie die Perspektive aufgrund ihrer eigenen Sozialisierung oder Haltung hintan stellen. Die dritte Säule ist der konstruktive Dialog, in dem Gemeinsamkeiten gesucht werden. Dazu brauchen Journalistinnen und Journalisten ein empathisches Interesse für die verschiedenen Gruppen mit ihren jeweiligen Interessen. Ziel des »Konstruktiven Journalismus« ist es, konsequent den Blickwinkel auf mögliche Handlungsoptionen zu richten und einen Diskurs zu organisieren, in dem abgewogen wird, welche dieser Möglichkeiten die sinnvollste und mehrheitsfähig ist. Medienschaffende werden so zu Moderatoren eines konstruktiven, öffentlichen Dialogs – und in der Folge öffnet er damit »Möglichkeiten für bessere Gespräche in unserer Gesellschaft«, wie das »Bonn Institute« formuliert.

Neben diesem Ansatz für die Breite des informierenden Medienangebots wird auch der inhaltlichen Tiefe mehr und mehr Beachtung geschenkt. Das, was Sebastian Turner und der Medienwissenschaftler Stephan Russ-Mohl als »Deep Journalism« bezeichnen, wird für größere Kreise der Bevölkerung zunehmend wichtig. Turner bietet seit 2020 nach diesem Konzept unter dem Titel *Table Media* ein System von Bezahl-Newslettern für ein Fachpublikum an. Ihm geht es um »Domänenkompetenz«, wie er es nennt: also die besondere Qualifikation von redaktionellen Teams in bestimmten Bereichen. Wer sich in einer Domäne besonders gut auskennt und penibel recherchiert, kann natürlich entsprechend qualitativ hochwertige Berichte für die Newsletter liefern. Dafür gibt es dann auch die Bereitschaft, Geld zu bezahlen.

Journalistische Inhalte werden jedoch insgesamt nicht mehr allein auf den traditionellen Wegen zu den Menschen kommen, sondern in modernerer und in anderer Aufmachung. Die Tageszeitung gibt es in dieser Vision in der bekannten Form nicht mehr. Es wird als anachronistisch wahrgenommen, tonnenweise Papier zu bedrucken und aufwendig im Land zu verteilen. Die Zeitungsmarken haben sich weiterentwickelt und bieten ihre Produkte vor allem digital an, ergänzt um Newsletter, die je nach Wunsch einmal oder häufiger am Tag zu festgelegten Zeiten die wichtigsten Inhalte ähnlich wie einst bei der gedruckten Zeitung zusammenstellen. Einmal in der Woche gibt es aber noch ein »Luxusprodukt«, das an die früheren Zeiten erinnert: Es wird noch eine Printausgabe ausgeliefert, die dicker ist und einen etwas anderen Inhalt präsentiert. Es würde schließlich keinen Sinn machen, die gesammelten tagesaktuellen Kurzmeldungen der Nachrichtenagenturen in einer solchen Publikation zusammenzufassen. Stattdessen gibt es ausführliche Reportagen, Hintergrundartikel und Interviews.

Bei der Finanzierung der regelmäßigen Angebote wird Qualitätsjournalismus in unserer Vision auf intelligente Art vom Staat gefördert, ohne dass er inhaltlichen Einfluss nimmt beziehungsweise nehmen kann. Hermann von Engelbrechten-Ilow hat beispielsweise zwei Modelle für die Unterstützung von Abonnements ins Gespräch gebracht, die er noch auf Tageszeitungen bezieht: Das eine ist die steuerliche Absetzbarkeit, das andere ein staatlich finanziertes Gutscheinsystem, bei dem man nur die Hälfte des Abonnementpreises bezahlen muss. Auch eine Plattform als »Spotify« für Journalismus ist denkbar, mit Abonnements- oder Einzelzahlungen, oder finanziert über eine Abgabe wie für den öffentlich-rechtlichen Rundfunk. Es muss dabei nur sichergestellt werden, dass für die Kreativen und deren Unternehmen auch sinnvolle Erlöse generiert werden. Bruchteile von Cents pro Beitrag werden nicht in der Lage sein, hochwertige Inhalte zu refinanzieren.

Der jahrelange Streit der Printverlage mit den öffentlich-rechtlichen Sendern wird derweil beigelegt sein. Es gibt fruchtbare Kooperationen, man schätzt sich gegenseitig. Die Zusammenarbeit bei aufwendigen Recherchen ist systematisch ausgebaut worden und wird weiter gepflegt. Mitarbeitende von *ARD*, *ZDF* und *Deutschlandradio* treten mit ihrer Expertise in den privaten Medien auf, umgekehrt gilt das ebenso. Es wird auch auf Gesichter des Journalismus gesetzt, die in der Öffentlichkeit repräsentativ für ihren Beruf stehen. Es ist ein wenig so wie im Kultur- oder Sozialbereich: Von den Bürgerinnen und Bürgern finanzierte Angebote stehen in Konkurrenz neben denen der Privaten. Durch die enge Zusammenarbeit bleibt beiden Seiten genug Möglichkeit, den Markt zu bedienen und auskömmlich ihre Unternehmensmodelle zu betreiben. Dazu gehören auch solche Konstruktionen, die gemeinnützig organisiert und somit steuerrechtlich bessergestellt sind. Und auch hier entwickeln sich Strukturen ähnlich dem im Kultur- oder Sozialbereich: Selbstlos tätige Vereine und Unternehmen stehen wirtschaftlich agierenden Anbietern gegenüber, sie ergänzen sich optimal, und auch hier gibt es Kooperationen.

Bei der Finanzierung des Journalismus der Zukunft kommt es darauf an, nicht bloß an althergebrachten Geschäftsmodellen festzuhalten. Die bisher ausgeführten Veränderungen sind in rasanter Geschwindigkeit gekommen, und niemand kann seriös vorhersagen, wie sich die (digitale) Welt in Zukunft entwickeln wird. Trotzdem gibt es absehbar einige Aspekte, die aufgegriffen werden sollten. Einfach stur auf die Auslieferung von Papier und auf lineare Ausspielwege zu setzen, ist schon in der Gegenwart keine Alternative.

Wenn das Internet das bevorzugte »Trägermedium« für Inhalte ist, müssen Geschäftsmodelle gefunden werden, die Einnahmen zur Bezahlung journalistischer Arbeit liefern. Neben Gehältern oder Honoraren sind auch Sachkosten etwa für Computer oder Reise zu bezahlen, Steuern und Versicherungen fallen an, Strom und Heizung gibt es auch für Medienschaffende nicht für umsonst. Letztlich sollten Journalistinnen und Journalisten auch so ordentlich bezahlt werden, dass sie nicht in Versuchung kommen, Korruptionsangebote anzunehmen oder sich anderweitig vereinnahmen zu lassen. Also muss organisiert Geld in die Kasse kommen – und das müssen die Nutzerinnen und Nutzer auf die eine oder andere Weise bezahlen. Hier wird sich die Welt teilen: In diejenigen, die (vermeintlich) gratis redaktionelle Produkte genießen wollen, und andere, die bereit sind, dafür zu bezahlen.

Die Umsonst-Kultur wird vor allem durch Werbung und durch die umfangreiche Hergabe von Daten finanziert. Bei der Onlinereklame gibt es Formen, die eher abschreckend wirken statt einen tatsächlichen Werbeeffekt zu haben. Ein Banner ist da kein großes Problem, und auch über ein Bild oder einen Text kann man schnell wegscrollen. Ein Video, das automatisch startet, und das womöglich noch mit laut eingeschaltetem Ton, kann da schon deutlich eher irritieren. Und richtig nervig sind Popup-Fenster, die sich über die Seite legen und sie erst einmal unlesbar machen. Natürlich kann man diese Präsentationen wegklicken. Gerne wird aber der Button dafür so gut versteckt, dass man zunächst gezwungen ist, sich auf der der Reklameseiten zu orientieren. Positive Aufmerksamkeit für Produkte und Dienstleistungen sieht sicher anders aus.

Deshalb sind heute schon neue Werbeformen besonders begehrt, die zum Teil gar nicht direkt als solche auffallen. »Native Advertising« zum Beispiel, bei dem PR-Geschichten so aufbereitet werden, dass sie ähnlich wie ein üblicher Beitrag auf der jeweiligen Webseite aussehen. Oder die Auftritte von Präsentatorinnen und Präsentatoren, die plötzlich mitten in ihrem Audio- oder Videoauftritt anfangen, von einem Produkt zu schwärmen, es in die Kamera halten und womöglich noch darauf hinweisen, dass man es über einen eingeblendeten Link bestellen sollte (damit sie oder ihr Medienhaus dafür eine Vermittlungsprovision kassieren können). Das wird in unserer Vision unweigerlich deutlich zunehmen. Gerade deshalb ist es wichtig, dass es klare Regeln für solche werbenden Auftritte gibt und dass diese eingehalten werden, damit die klaren Grenzen zwischen Journalismus und Reklame eben nicht verschwimmen.

In jeder der bisher üblichen und früher komplett voneinander getrennten Mediengattungen gibt es Bereiche, die durch neue Möglichkeiten der Technik transformiert werden. Wenn es um Audio geht, hatte beispielsweise Jahrzehnte lang das Radio ein Alleinstellungsmerkmal. Schallplatten oder CDs mit journalistischen Formaten gab es eher nicht. Es waren auch keine Lautsprecher auf den Straßen aufgestellt, über die Nachrichten verbreitet worden wären. Eine an den Haaren herbeigezogene Vorstellung? Eigentlich nicht, wenn man sich allein schon die Gegenwart anschaut: Journalismus wird plötzlich viel unabhängiger vom Ort, an dem man sich aufhält. Zeitungen und Zeitschriften konnte man zwar mitnehmen, man musste sich aber auch einen Ort suchen, an dem man sie lesen konnte. Bei Audio war es allenfalls das Radio, dem man mit Kopfhörern lauschen konnte. Bei Video musste man bis zur Einführung der Smartphones warten, bis ein bequemer Unterwegs-Genuss von Video und Live-Übertragungen möglich wurde. Hinzu kamen die multimedialen Angebote des Internet, nach wie vor aber auf Laptops, Tablets oder Smartphones beschränkt.

Die Zukunft kennt solche festen Geräte womöglich gar nicht mehr. Die »Apple Watch« hat vorgemacht, wohin die Reise gehen könnte: Informationen auf einer Armbanduhr sind nur ein allererster Schritt. Es wird andere Trägermedien geben, die unseren Alltag bestimmen und fortan zu Empfangsgeräten werden. Die ersten digital vernetzten Brillen gibt es längst, auch wenn sie noch sehr teuer sind. In unserer Vision sind sie erschwinglich, weil es ganz normal ist, dass solche Komponenten stets direkt verbaut sind. Das wird vom Rucksack über Kleidungsstücke bis zu Messer und Gabel reichen. Was sich letztlich am Markt durchsetzt, wird ziemlich spannend. Neuartige Stoffe werden zudem wie bereits erwähnt Folien ermöglichen, die als Videoschirm über nahezu alles gespannt werden können. Wie in der heute bekannten Außenwerbung werden damit dann auch Gebäude oder Wände an Flughäfen oder in U-Bahn-Stationen zu einer Mischung aus Plakatwand und Bildschirm.

Es wird auch üblich sein, ständig »getrackt« zu werden. Das heißt, die Minicomputer, die wir schon heute nahezu alle mit uns herumtragen, werden wir aus Bequemlichkeit immerwährend so eingestellt haben, dass unter anderem unser Standort nonstop ins Internet übermittelt wird. Spezielle Programme arbeiten im Hintergrund, ohne dass wir das bewusst wahrnehmen (womöglich auch, ohne dass wir das überhaupt wissen), um Vorschläge für uns zu generieren. Sie empfehlen Produkte, Restaurants oder Massagen, wenn wir uns gerade in der Nähe solcher stationärer Angebote aufhalten. Damit diese Vorschläge besonders zielgenau sind, wird unser sonstiges Alltagsverhalten berechnet. Wurden wir etwa von der digitalen Aufzeichnungsmaschine häufiger in asiatischen Restaurants »erwischt«, wird es uns vorzugsweise solche empfehlen.

Was aber hat das jetzt mit Journalismus zu tun? Es wird nicht nur von Algorithmen maßgeschneiderten Nachrichten an uns, sondern auch für uns geben! Denkt man genauer darüber nach, kann das durchaus Sinn machen und zugleich auch ein spannendes Geschäftsmodell sein. Steht man mit dem Auto auf der Autobahn im Stau, und es geht wirklich gar nicht mehr weiter, wird man den Motor abstellen und warten. In einer solchen Situation könnte man sich selbst auf die Suche im Internet machen, was denn mehrere Kilometer vor einem passiert ist, das den Verkehr zum Erliegen gebracht hat. Man kann aktiv das Radio oder das Smartphone einschalten und suchen. Das aber wird nicht die Zukunft sein. Künftig werden Digitalkonzerne sehr genau darauf achten, dass jegliche Angebote zielgerichtet und bestmöglich auf die jeweilige Person zugeschnitten »ausgespielt« werden.

Eine solche Ausspielung wird im genannten Exempel wie folgt umgesetzt: Das Smartphone, der Bildschirm des Autosystems, unsere Armbanduhr, ein Ring an unserem Finger oder die Gürtelschnalle werden brummen. Sodann bekommt man auf einer Fläche eine Information angezeigt. Ähnlich wie Eilmeldungen, die wir bereits heute bei verschiedenen journalistischen Anbietern abonniert haben, und die trotz ausgeschaltetem Bildschirm auf unserem Handy angezeigt werden. Wenn wir das eingestellt haben, werden wir auch mit einem Ton darauf hingewiesen. Die künftigen situationsbedingten »Eilmeldungen«, die uns genau berechnet garantiert persönlich interessieren, kommen über eine Live-Feststellung des Standorts zustande. So registriert das Netz, dass wir auf einer Autobahn stehen und uns nicht mehr fortbewegen. Diese Anwendung gibt es in ersten Zügen bereits heute, wenn Google Maps bei einer Navigation aufgrund entsprechender Nutzerdaten online in

Echtzeit anzeigen kann, dass es auf einer Route einen Stau gibt. Ein System, den konkreten Menschen dann trotz nicht aktiviertem Handy zu erreichen, gibt es auch schon: das Cell Broadcasting. Über das werden amtliche Warnmeldungen in Katastrophenlagen verschickt. Bei Probealarmen haben die Meisten schon ihre Erfahrungen mit der Wirksamkeit dieser Technik gemacht. Bis auf den journalistischen Bereich haben sich alle Sparten schon so entwickelt, dass unser Beispiel real sein könnte.

Der Empfänger einer solchen Message kann dann ganz klassisch der Bildschirm des Smartphones oder des Autosystems sein, sie kann aber auch auf die Windschutzscheibe oder auf den Unterarm projiziert werden. Dort erhalten wir dann den Hinweis, dass die Autobahn, auf der man sich gerade befindet, an einer Stelle fünf Kilometer weit entfernt voll gesperrt ist. Wenn wir im Detail wissen wollen, was dort passiert ist, müssen wir mit einem unkomplizierten Micro-Payment-System einen kleinen Geldbetrag bezahlen, um ein Video zu erhalten. Auf diesem Film bekommen wir klassisch journalistisch erzählt den Unfall geschildert, sehen den Einsatz von Feuerwehr, Rettungsdienst und Polizei und bekommen erklärt, was man bisher über die Ursache weiß, wie der aktuelle Stand der Bergungsarbeiten ist und wann mit einer Freigabe der Strecke gerechnet werden kann. Ständig in neuen Versionen, immer aktuell. Und in unserem Beispiel haben wir ja Zeit. Und wir haben Langeweile. Weil wir in einem Stau stehen. Da wird es uns sehr gelegen kommen, diese Art der Information und der Ablenkung von der Langeweile zugleich zu haben.

Um solche reportierenden Dienstleistungen anbieten zu können, braucht man nicht nur die erwähnten Daten, die technischen Geräte und die vollständige Versorgung mit einem tragfähigen digitalen Netz, sondern auch den inhaltlichen Input. Die Verbindung der »Touch Points«, also der Standorte, mit denen man mit den Mitteilungen über eine subjektiv als relevant festgestellte Information konfrontiert wird, mit dem Nutzen, den die Person daraus ziehen kann, muss berechnet und angewendet werden. Während Restaurants und Geschäfte nur ihre Angebote entsprechend digitalisiert aufbereiten lassen müssen, gibt es für diese neue Art des »Live-Journalismus« eine andere Herausforderung: Das Geschehen muss, ständig aktualisiert, in Echtzeit journalistisch abgebildet werden. Dazu sind Recherchen vor Ort nötig, beispielsweise mit den Einsatzleitenden von Polizei, Rettungsdiensten und Feuerwehr zu sprechen, mit Augenzeugen und mit den Betreibern der Autobahn. Zugleich Bewegtbilder drehen, die professionell geschnitten werden, um sie dann zu einem Film zusammenzusetzen. Dieser wird dann während eines aufgezeichneten Aufsagers eingespielt. Beides wird ständig aktualisiert, damit die Nutzenden immer die neueste Version für ihr Geld ausgespielt bekommen. Mit solchen Modellen können neue Jobs entstehen, in unterschiedlichsten Gewerken. Es ist eine klassische unternehmerische Aufgabe, für solche Prozesse Strukturen zu schaffen. Damit verdienen Firmen ihr Geld.

Für die Journalistinnen und Journalisten – und damit auch für Medienunternehmen, die diese Fachleute beschäftigen oder beauftragen – ergeben sich aus den künftigen Transformationen nicht nur Herausforderungen, sondern auch enorme Chancen. Eine Reporterin oder ein Reporter kann als »Allround-Talent« zunehmend viele Gewerke ausüben, die traditionell nicht zur redaktionellen Arbeit gehörten. Die Grenzen zwischen Schreiben und Layouten werden sich genauso verwischen wie die zwischen Konzipieren, Aufnehmen und Schneiden. Grafische Elemente zu erstellen, zählt zu den Aufgaben, und das Marketing für die erstellten Inhalte muss stets mitgedacht werden. Die Frage, auf welchem hauseigenen oder externen Kanal etwas veröffentlicht wird gehört genauso dazu wie beispielsweise die Optimierung der Veröffentlichungen für Suchmaschinen. Aus der sprichwörtlichen »eierlegenden Wollmilchsau« wird so das »selbstdrehendschreibende Berichterstattungsmultitalent«.

Man merkt schon, dass es schwierig wird, Medienschaffende zu finden, die nicht nur von all diesen Bereichen Ahnung haben, sondern auch in allem gleich gut sind. Das wird in aller Regel nicht der Fall sein. Die ursprünglich jeweils eigenständigen Berufe werden zwar durch technische Hilfsmittel, einfache Tutorien und KI einfacher anzuwenden sein. Gleichwohl wird jede und jeder gewisse Vorlieben entwickeln und eben in bestimmten Bereichen außergewöhnlich gut (oder eben schlecht) sein. Hier ist es eine Aufgabe des Redaktionsmanagements, Stärken und Schwächen auszugleichen. In der Folge wird es aber auch eine größere Arbeitsteilung geben. In Teams mit klar definierten Rollenschwerpunkten können die bestmöglichen Ergebnisse erzielt werden. Wer zwar gut recherchieren und schreiben kann, sich aber mit Bebilderung und Design schwertut, wird entsprechend unterstützt. Andere wiederum haben durchaus Lust, ihre Inhalte nicht nur in Text, Foto und Grafik umzusetzen, sondern auch als Audio oder Video zu veröffentlichen – und das womöglich mit eigener Stimme oder dem Gesicht vor der Kamera. Die Journalistin oder der Journalist von morgen ist zugleich auch Influencer, repräsentiert eine Medienmarke und vermittelt ganz persönlich Vertrauen in die Berichterstattung. Die lässt sich dann auch unabhängig von den jeweiligen »Ausspielwegen« und eben »Darreichungsformen« nutzen.

Hinzu kommt die aktive Kommunikation mit dem Publikum. Dazu zählt das Empfehlungsmanagement, also auch auf persönlichen Profilen in sozialen Netzwerken, über Newsletter auf Messangerdiensten oder auf anderen modernen Wegen auf die Berichterstattung aufmerksam zu machen. So können Schritte der Recherche in kurzen Texten, Audios oder Videos vorgestellt werden, persönliche Erlebnisse bei einem geführten Interview oder Einschätzungen zu einer in der Berichterstattung intensiver dargestellten Problemlage. Das braucht nicht immer eine Hochglanzproduktion im Stil althergebrachter Fernsehbeiträge sein. Übliche Darstellungsformen in den sozialen Netzwerken wirken dort ohnehin viel authentischer. Eine Situationsbeschreibung in Selfie-Optik ist da manchmal sinnvoller als eine aufwendig ausgearbeitete Produktion. Die wäre dann eher das kostenpflichtige Endprodukt, auf das mit den vorherigen Einblicken sukzessive hingearbeitet wird. Die Neugierde der Nutzenden wird »angefüttert«, sie bekommen Appetit gemacht auf das, was kommen wird.

Gerade die jeweils aktuellen Einblicke in den Stand der Recherche können das vorbildlich einlösen, was in Wirtschaftsunternehmen als »Customer Journey« beschrieben wird. Immer wieder muss der Journalismus davon überzeugen, dass sein Produkt es wert ist, dafür zu bezahlen. Wer miterleben möchte, wie dieses Produkt zustande kommt, wer das von Profis ganz aktuell erklärt bekommen möchte, wird sich umfassender informiert fühlen. Das ist ein wesentlicher Anstoß für eine Zahlungsbereitschaft. Wege für die Verbreitung der Hinweise auf interessierende Nachrichten und auf die eigenen Publikationen werden auch Smart-Speaker und Videoplattformen sein.

Mit der Veröffentlichung einer Story ist es aber nicht (mehr) getan. Auf der eigenen Webseite, aber auch an anderen Orten im Netz, wo über das angeschnittene Thema und dessen Darstellung im eigenen Medium diskutiert wird, sind Reaktionen nötig. Die Zeit der Einwegkommunikation, des Sendens ohne zu empfangen, gehört der analogen Zeit in. In der digitalen Welt geben Medienschaffende auch dadurch Orientierung, dass sie direkt ansprechbar sind, Einblick in ihre Arbeit geben und Fragen beantworten. Sie werden damit in gewisser Weise selbst zur Marke. Die können sie – entweder für sich selbst oder für das Medienunternehmen, für das sie arbeiten – in unterschiedlichen Formaten nutzen. Diejenigen, die das Talent dazu und auch Lust darauf haben, werden in dieser Vision Journalismus nicht allein in ihren Redaktionen betreiben, sondern konsequent auch direkt in die Öffentlichkeit tragen.

Ein prominentes Beispiel für eine solche Strategie ist Paul Ronzheimer. Er ist stellvertretender Chefredakteur von *Bild*, sein Gesicht aber immer häufiger auch an anderer Stelle zu sehen: Als Experte, als Gast in Talkshows und demnächst sogar ein einer auf ihn zugeschnittenen Reportagereihe beim Fernsehsender *Sat1*. Ronzheimer wird nach Auskunft von Axel Springer SE bewusst als »markenübergreifendes journalistisches Gesicht« inszeniert. Ähnliches hatte Jahre zuvor bereits Hans Leyendecker bei der *SZ* etabliert. Seine Expertise vor allem zum Thema Korruption war bei vielen Medien gefragt. So ordnete Leyendecker aktuelle Entwicklungen häufig bei den Fernsehnachrichtensendern *ntv* und *Phoenix* ein, war gern gefragter Interviewpartner und nahm an Podiumsdiskussionen in der ganzen Republik teil – immer in der Funktion als Investigativreporter für seine Zeitung. Durch solche multimedialen Auftritte wird stets auch auf die Marke eingezahlt, für die das jeweilige »journalistische Gesicht« steht.

Journalismus auf die Bühne zu bringen, ist ein weiterer sinnvoller Aspekt, der auch die Persönlichkeit der Recherchierenden und Berichtenden in den Mittelpunkt stellt. Bisher gibt es solche Ansätze nur vereinzelt, bei besonders prominenten Themen und Personen. Während mancher beispielsweise im Dienstzimmer von Kölns Oberbürgermeisterin Henriette Reker (parteilos) ein langes Interview für ein Feature mit ihr führte, lagerte das *ZEIT Magazin* die Recherche einfach aus ins örtliche Gloria Theater, das man sonst hauptsächlich von Konzerten und Fernsehübertragungen von Kabarettveranstaltungen kannte. Zusammen mit anderen Organisationen stellte sich Reker auf der Gloria-Bühne der öffentlichen Diskussion – für die die Besucherinnen und Besucher Eintritt zahlen mussten. Das Ergebnis wurde unter anderem als langes Video ins Internet gestellt, wobei der Verlag mithilfe von vorgeschalteter Werbung Geld verdiente. Zudem dürften alle, die an dem Tag im Theater anwesend waren, besonderes Interesse an der Veröffentlichung über die Veranstaltung gehabt haben, an der sie selbst teilgenommen hatten. Die Aufmerksamkeit wurde so auf den mit diskutierenden Reporter des *ZEIT Magazins*, aber auch auf die Medienmarke selbst fokussiert. Das war kein Zufall, sondern offensichtlich ein bewusster strategischer Schachzug: Schon im Jahr 2017 hatte *dpa* berichtet, dass neben dem Digitalgeschäft »Geschäftsfelder wieder Veranstaltungen, Shops und publizistische Dienstleistungen« die »entscheidenden Wachstumstreiber« beim *ZEIT*-Verlag gewesen seien.

Ähnliche Projekte gibt es bereits in verschiedenen Medienhäusern. Das *Handelsblatt* bietet mit seinem Wirtschaftsclub schon seit vielen Jahren »Diskussionsrunden mit Top-Größen aus Wirtschaft und Politik, exklusive Reisen und Besuche von kulturellen Events, Ausstellungen sowie Kunstmessen«, wie *meedia.de* bereits 2017 berichtete. Ähnliches bietet der »Welt Club« der gleichnamigen Tageszeitung aus dem Haus Axel Springer SE. Bei der *FAZ* gibt es kaum eine Printausgabe, in der nicht zu hochkarätig besetzten Events eingeladen wird. Nahezu kein Zeitungsverlag verzichtet heute auf solche Möglichkeiten, seinen Leserinnen und Lesern nahezukommen und sie an das eigene Haus zu binden.

»Nutzer solcher Marken fühlen sich seelenverwandt, sie teilen gewisse Rituale, Symbole und Traditionen, wie der Markenexperte Karsten Kilian feststellt«, hieß es zu solchen Modellen auf dem Fachportal *Editorial Media*. Die britische Tageszeitung *The Guardian* bot zeitweise sogar unter dem Titel »Soulmates« ein Dating-Portal, »auf dem Singles mit ähnlichen Weltanschauungen zusammentreffen«. Inzwischen wurde das Projekt allerdings wieder eingestellt. In dem damaligen Artikel wurde auch der »Freundeskreis« von *Die Zeit* erwähnt. Und in der Tat: Es gibt immer wieder Menschen, die davon erzählen, dass sie, wenn sie jemanden kennenlernen möchten, in einem Café darauf achten, welche Zeitung er oder sie liest. *Die Zeit* gilt dann als besonders intellektuell, was für manche genau ins persönliche »Beuteschema« passt. Bei den Communities der Wochenzeitung kann man solche Begegnungen forcieren – etwa beim gemeinsamen Literaturveranstaltungen oder Reisen.

Es gibt aber auch unabhängige Anbieter, die den Charme des Konzepts erkannt haben, Journalismus auf die Bühne zu tragen. Bei »Reporter-Slams« erzählen Medienschaffende unterhaltsam von ihren aufregendsten Recherchen. Bei der Reihe »Jive« werden dagegen Journalismus-Shows vor Live-Publikum mit Orchester präsentiert. In beiden Formaten hat man die Gelegenheit, die Menschen kennenzulernen, die in Medien Texte verfassen, Töne und Videos produzieren. So bleiben die Protagonisten dieses Berufs nicht mehr so anonym, man stellt fest, dass sie auch Menschen sind. Und dass Journalismus eben ein Kulturgut ist.

Der Schweizer Wirtschaftswissenschaftler Bruno S. Frey plädiert unterdessen dafür, dass Qualitätszeitungen konsequent Klubs gründen sollten: »Nicht jeder kann Klubmitglied werden, sondern nur wer die Grundüberzeugungen der Zeitung teilt.« Im Marketing gebe es das schon längst und lasse sich gut auf journalistische Produkte übertragen: »Man erwirbt ein Markenprodukt, um zu demonstrieren, dass man dazugehört. Das mit einer Qualitätszeitung zusammenhängende Gemeinschaftsgefühl muss gehegt und gepflegt werden. Damit werden die notwendigen finanziellen Mittel geschaffen, um weiterhin eine qualitativ hochwertige Zeitung anbieten zu können.«

Das gemeinnützige Recherchenetzwerk *Correctiv* hob den Community-Gedanken unterdessen auf eine andere Ebene und verband ihn mit einem Schritt in die breite, interessierte Öffentlichkeit: Die exklusiven Recherchen über ein mutmaßliches Treffen Rechtsextremer stellte die Organisation bei einem eigens dafür arrangierten Theaterabend in Berlin vor. Unter dem Motto »Geheimplan gegen Deutschland« hatte Regisseur Kay Voges ein Stück inszeniert, das im »Berliner Ensemble« aufgeführt und live im Netz gestreamt wurde. Es war der Startschuss zu einer umfassenden Berichterstattung und auch zu einer breiten öffentlichen Diskussion. In der Folge der Veröffentlichung gingen Hunderttausende in ganz Deutschland gegen Rechtsradikale auf die Straße – der Auslöser waren die *Correctiv*-Recherchen gewesen, die an dem denkwürdigen Abend in der Bundeshauptstadt vorgestellt worden waren. Es ist auch hier leicht vorstellbar, dass alle, die die Inszenierung im Theater vor Ort live miterleben durften, besonders emotional mit dem Thema verbunden waren – und auch mit den Journalistinnen und Journalisten, die diese aufwendige Recherche absolviert hatten.

Solche Modelle lassen sich problemlos ausbauen, und sie garantieren nicht nur die Präsentation der Journalistinnen und Journalisten als Marke, sie verbinden auch gesellschaftliche Ereignisse mit der Möglichkeit, die Vertreterinnen und Vertreter des Berufsstandes kennenzulernen beziehungsweise direkt anzusprechen. Die besten Rechercheansätze und Geschichten erfahren Medienschaffende eben im originären Kontakt mit ihrem Publikum. Soziale Netzwerke können da ergänzen, zu einer wirklichen und wirkungsmächtigen Vernetzung tragen aber vor allem persönliche Gespräche bei. Natürlich werden nicht alle Menschen in den Redaktionen nun auf die Bühnen unserer Republik streben. Gleichwohl lässt sich durch Arbeitsteilung auch diese Hürde überwinden. Es gibt in jedem Team solche, die gerne vor Publikum auftreten und sich selbst sowie die von ihnen vertretene Marke präsentieren.

Im Musikgeschäft ist das schon lange üblich. In Zeiten der Digitalisierung sind die Verkäufe von Tonträgern wie Vinylplatten oder CDs dramatisch eingebrochen. Der Verkauf einzelner Titel im Netz funktionierte nur noch bedingt. Streaming-Portale wie Spotify traten an die Stelle der bis dato physischen Verkäufe, der Anteil für die Künstlerinnen und Künstler blieb aber stets überschaubar. Das *ZDF* berichtete beispielsweise, dass es pro Klick bei Spotify etwa 0,3 Cent gebe. Um da auf die Summen zu kommen, die einst mit dem Verkauf von Tonträgern erreicht wurden, braucht es lange, sehr lange.

Deshalb ist es wichtiger denn je, mit neuem Songmaterial auf Tour zu gehen und an den Eintritten und eventuell noch am Merchandising zu verdienen. Das Corona-Virus hat an dieser Stelle einen tiefen Einschnitt in dem Verhalten der Menschen hinterlassen. Nach der Zeit der Lockdowns gingen nicht mehr so viele Leute aus wie vorher. Das zeigt, wie gefährlich freiheitseinschränkende Maßnahmen sind – ganz gleich, aus welchem Grund sie geschehen. Der persönliche Austausch ist in der Kultur genauso wie im Journalismus künftig nicht verzichtbar. Das hat man daran gesehen, dass selbst in der Hochzeit der Veranstaltungsverbote Onlinedarbietungen kaum funktioniert haben. Es ist eben doch ein ganz anderes, intensiveres Erlebnis, eine Sängerin, einen Sänger oder eine Band in einem Club oder in einer Halle live zu erleben als auf dem heimischen Computer oder Fernseher. Dass das auch für den Journalismus gelten kann, ist noch zu wenigen in der Branche bewusst.

Ein weiteres Instrument zur Eroberung neuer Zielgruppen bekommt bisher dagegen weit weniger Aufmerksamkeit: Computerspiele! Nicht nur jüngere Menschen sind wie selbstverständlich mit diesem Medium sozialisiert, und es müssen bei weitem nicht immer Baller- oder Kriegsszenarien sein, die solchen Spielen zugrunde liegen. Längst gibt es umfangreiche Strategielandschaften, die zunehmend real in Szene gesetzt werden. Bereits 2017 wurde der »Deutsche Computerspielpreis« an eine Produktion verliehen, die reale Gegebenheiten mit politisch-aktuellem Inhalt verarbeitet: Das Game »Orwell« zeigt als »interaktiver Thriller«, wie Techniken zur Überwachung heute eingesetzt werden. »So wird intensiv erlebbar, wie schnell Verdächtige ins Fadenkreuz der Überwachung gelangen können«, hieß es in der Begründung zur Preisverleihung.

In der Zeitschrift *Politik & Kultur* des Deutschen Kulturrats berichtete Alexander Freisinger von einer »politischen Ernsthaftigkeit«, die bei Spieleproduzenten inzwischen erkennbar sei. In interaktiven Politik-Simulatoren sieht er das Potenzial, Handlungs- und Entscheidungsprozesse nachvollziehbar zu machen. Das sei einer Studie zufolge sogar effektiver als der klassische Unterricht an Schulen. In derselben Ausgabe der Zeitschrift machte Felix Zimmermann darauf aufmerksam, dass Computerspiele mit historischem Setting etwa den Ersten oder Zweiten Weltkrieg thematisieren und so einen enormen Einfluss auf die gesellschaftliche Erinnerungskultur hätten. Das Internationale Komitee des Rotes Kreuzes forderte deshalb »mehr Realismus« in Kriegscomputerspielen, wozu nach Ansicht der Hilfsorganisation eine Berücksichtigung des Völkerrechts gehört.

Tatsächlich können komplexe digitale Spielewelten auch aktuelle Szenarien abbilden. In der PR ist das schon längst gang und gäbe bei »Serious Games«, also Spielen mit ernsthaften Geschichten, die virtuellen dem Geschehen zugrunde liegen und damit einen Lerneffekt »erspielen« lassen. So hatte der *SWR* im Bundestagswahlkampf 2017 einen »Fakefinder« gelauncht, bei dem man Nachrichten danach sortieren musste, ob sie wahr oder falsch sind. Und die Bundeszentrale für Politische Bildung veröffentlichte zum selben Zeitpunkt das Browser-Spiel »Fake It to Make It«, das sich dem Thema Desinformation auf ironische Weise widmete: Es ging darum, sich Falschmeldungen selbst auszudenken und in der entworfenen Spielewelt zu verbreiten. Solche Simulationen sind durchaus hilfreich – in der Ausbildung sind sie schon längst üblich. Schließlich wird auch niemand als Pilotin oder Pilot ins Cockpit gelassen, um Fluggäste zu transportieren, wenn er oder sie nicht vorher die Fähigkeiten dazu in einem Simulator unter Beweis gestellt hat. Solche Lern- und Übungssituationen lassen sich in alle möglichen Bereiche übertragen, auch eben in den Journalismus.

Der wiederum entdeckt langsam die Chancen, die in »Serious Games« liegen. So hat die *New York Times* bereits im Jahr 2013 eine Mischung aus Quiz und interaktiver Karte veröffentlicht, was sich später als erfolgreichster Beitrag des Jahres auf der Webseite erweisen sollte: Unter dem Titel »How Y'all, Youse, and You Guys Talk« ging es darum, welche Dialekte in den Staaten verbreitet sind. Im Interview mit dem Portal netzpiloten.de hob der deutsche Newsgame-Produzent Markus Bösch hervor, dass der Vorteil von Games im eigenen Erleben liege: »Außerdem eignen sich Games perfekt, um Systeme zu verstehen. Etwas verkürzt:

Ich kann ein Buch über Stadtplanung kaufen und lesen oder wilde, urbane Experimente bei SimCity anstellen. Das Letztere davon macht mehr Spaß und bleibt deutlich besser im Gedächtnis hängen. Vor allem, wenn man einfach mal die Straßen weglässt.« Bösch hatte mit seinem Team von »The Good Evil« zuvor bereits ein Onlinegame entwickelt und veröffentlicht, das die Ausspähung von Daten durch die US-amerikanischen Behörde »National Security Agency« (NSA) thematisierte – nach eigenen Angaben soll dies das erste News-Game in Deutschland gewesen sein.

Es folgten eine ganze Reihe ähnlicher Projekte, und sie wurden immer ausgefeilter. So arbeitete die *Wirtschaftswoche* die Dieselaffäre von Volkswagen als Multimedia-Spiel auf, bei dem man aus der Position des Vorstandsvorsitzenden agieren konnte. Der Fernsehsender *Arte* präsentierte ein Onlinespiel unter dem Motto »Steuerflucht für Anfänger«, bei dem auf der Grundlage realer Recherchen ein virtuelles Konto in der Schweiz eingerichtet werden konnte. Anschließend konnten die verschiedenen Tricks durchgespielt werden, wie man sein Geld vermehrt und die Gewinne am deutschen Fiskus vorbeischleust.

Durch die Verwendung von KI werden sich Szenarien für Computerspiele künftig sogar tagesaktuell entwickeln lassen. Die Grundinformationen einer Debatte im Bundestag können thematisch schnell geordnet und mit etwas Kreativität in eine Handlung eingepasst werden. So können Diskurse in einem Medium abgebildet werden, das Zielgruppen erreicht, die sich nicht durch lange Texte wühlen oder ausführliche Audio- oder Videoinhalte konsumieren wollen. Gleichzeitig werden sie im Spielverlauf dazu animiert, mitzudenken und strategische Schritte zu beurteilen, Alternativen und Kompromisse zu suchen und zu finden. Und wenn sich aktuelle Veränderungen ergeben, können diese von den Programmierenden über »Patches« kurzfristig online in das Spiel integriert werden.

Die »Gamification« ist auch ein Weg, um Dokumentationen interaktiv und somit begreifbarer zu machen. So wurde unter www.kein-raum-fuer-rechts.de das Jugendzimmer eines Neonazis virtuell nachgebaut. Dafür hat die Journalistin Andrea Röpke ihre Recherchen in der rechtsextremen Jugendszene speziell aufbereitet. Sie hat notiert, was bei Razzien der Polizei in den vergangenen Jahren sichergestellt wurde. Von der Hakenkreuz-Flagge über szenetypischen Anziehsachen bis hin zu Fahnen und Abzeichen reicht die Bandbreite. In dem digitalen Zimmer kann man Gegenstände anklicken und bekommt eine gesprochene Erläuterung.

Der *Westdeutsche Rundfunk* hat im Internet ein virtuelles Bergwerk dokumentiert. Das lässt sich auch ohne spezielles Zubehör besuchen, eine Brille ist nicht notwendig – dafür bleiben die Bilder zweidimensional. Trotzdem kann man sich innerhalb des Browsers bewegen, den Blick in alle Richtungen schweifen lassen und so die Welt »unter Tage« erkunden. An vielen Stellen sind Buttons eingebracht, die angeklickt werden können, damit man Erklärungen, Filme oder weitere Optionen angezeigt bekommt. Sicherlich hätte man aus diesen Stories auch einen traditionellen Videofilm machen können – die interaktive »Entdeckungsreise« dürfte aber die Neugierde der digitalen Userinnen und User besser anregen. Das Beispiel zeigt, dass journalistische Arbeit durchaus auch in innovativer Form präsentiert werden kann.

Einen anderen Schwerpunkt legen Entwicklerinnen und Entwickler, die sich mit Virtual Reality (VR) beschäftigen.

Der Oberbegriff der »virtuellen Realität« umfasst eine ganze Spannbreite unterschiedlicher Anwendungen. Das Computerspiel »Second Life« lockte beispielsweise ab 2003 Millionen neue Nutzerinnen und Nutzer in eine entworfene Welt. Sie sollte auch eine Art Abbild der Realität sein, was dazu führte, dass Medienunternehmen dort auch mit virtuellen Niederlassungen auftraten. Inzwischen ist die Zahl der Aktiven in diesem Spiel aber derart gesunken, dass es kaum noch gesellschaftliche Auswirkungen hat. Daran sieht man, wie schnell ein Hype auch wieder irrelevant werden kann.

Eine weitere Möglichkeit der »Virtual Reality« ist, etwas dreidimensional erkunden zu können. Anders als bei den bereits erwähnten Projekten kann mithilfe einer speziellen Brille die Realität noch erfahrungsintensiver erlebt werden. Mit speziellen Rundumkameras aufgenommen, kann man sich in den gezeigten Welten selbstständig bewegen, sie entdecken und erkunden. Je nach Ausstattung sind Sensoren am Körper angebracht, die wiederum die eigenen Bewegungen in die Darstellungs-Software übertragen. So wird der Eindruck vermittelt, dass man sich an einem Ort oder in einer Szene tatsächlich bewegt.

Ansätze dazu stecken noch in den sprichwörtlichen Kinderschuhen. Sie könnten aber bald einen Durchbruch erleben, wenn sowohl Apple als auch Google mit entsprechenden Brillen auf den Markt kommen. Apple hat dafür strategisch frühzeitig den Entwickler NextVR gekauft, der bis dato eine Streaming-Plattform für die virtuelle Übertragung von Großereignissen geschaffen hatte. Das so eingekaufte Know How wird sich nun wohl in den Apple-Brillen wiederfinden.

Mit dem Instrument der »Augmented Reality« soll die virtuelle Wirklichkeit künftig mit dem »wahren Leben« verknüpft werden. Schon heute gibt es Anwendungen, in denen man beispielsweise einer App den Zugriff auf die Kamera des Mobiltelefons erlaubt und so Produkte in der eigenen, realen Umgebung darstellen kann. Auf diese Weise kann man herausfinden, ob ein Sofa oder eine Mikrowelle in die eigenen Wohnräume passen würden. Für den Journalismus könnte das interessant werden, wenn man sich quasi vor Ort in Situationen einfühlen und in ihnen bewegen kann.

Zum Verkaufsstart der Brille »Apple Vision Pro« sprach Adam Rogers, Senior Tech Correspondent bei *businessinsider.de*, bereits von einem »massiven gesellschaftlichen Experiment«: »Es könnte unsere Wahrnehmung der Welt um uns herum neu verdrahten und es noch schwieriger machen, sich darauf zu einigen, was Realität ist«, schrieb er bei diesem Portal. Und er zitierte Jeremy Bailenson, Leiter des Virtual Human Interaction Lab in Stanford: Die Menschen würden sich am selben Ort befinden und »gleichzeitig visuell unterschiedliche Versionen der Welt erleben. Wir werden die gemeinsame Basis verlieren.« Ob sich das Konzept der VR-Brillen jedoch durchsetzen werde, hänge davon ab, welchen Nutzen es für die Nutzenden tatsächlich mit sich bringe. Seriöse Spielarten des Journalismus in einer hyperrealen Darstellung, also als eigenständig zu erkundende Erlebniswelt, könnten ein solcher Nutzen sein.

Auf welchem der beschriebenen Wege auch immer uns Journalismus künftig erreichen wird, werden wir jedoch nie außer Acht lassen dürfen, wer der Absender der »Nachrichten« ist: Handelt es sich tatsächlich um professionell gemachte, unabhängige Nachrichten? Oder handelt es sich um eine Nachricht, die mich im Sinne einer Werbung zu etwas animieren will? Welches Interesse steckt hinter der

Kontaktaufnahme? Man kann solche Interessen über die Verwendung von Apps steuern – beim heutigen Cell Broadcasting der Behörden geht das jedoch nicht. Wir müssen aufpassen, dass wir die Möglichkeit haben, gegen belästigende Benachrichtigungen auch künftig geschützt zu sein. Wenn wir Dienste abonnieren, können wir selbst entscheiden, welche Art der Nachrichten wir erhalten wollen.

Es sei denn, diese Nachrichten tarnen sich nur als solche. Konkret beispielsweise als solche, die journalistische Information versprechen – uns aber vorsätzlich täuschen wollen.

Umso wichtiger werden »Faktenchecks« die Behauptungen aus dem Netz richtigstellen. Es gibt bereits eine Reihe solcher Angebote, die akribisch vorgebliche Informationen oder Gerüchte auf den Prüfstand stellen. Das Internationale Faktencheck-Netzwerk (IFCN) vergibt jährlich Zertifikate für Organisationen, die das nach professionellen Standards machen. Auf der Webseite der Organisation sind auch Teams aus Deutschland gelistet: Von *Correctiv* über die *Deutsche Presse-Agentur* und den »Faktenfuchs« des *Bayerischen Rundfunks* bis zur *Deutschen Welle*. Darüber hinaus haben sich Webseiten wie die österreichische Mimikama sich einen guten Ruf erarbeitet. Letztere wirbt auf ihrer Internetpräsenz mit dem Slogan »Zuerst denken – dann klinken«.

Einen breiten Ansatz verfolgt auch das Projekt #UseTheNews, für das sich zahlreiche deutsche Medienunternehmen und Institutionen zusammengeschlossen haben. Sie erforschen nach eigenen Angaben, wie junge Menschen Nachrichten nutzen und welche Kompetenzen sie dafür mitbringen. Unter anderem haben sie ein »Jahr der Nachricht« ausgerufen, um auf ihr Anliegen aufmerksam zu machen. Ziel ist es, herauszufinden, wie man junge

Menschen mit Nachrichten künftig zuverlässig erreichen kann.

Bei der Unterscheidung seriöser Medien von anderen Publikationen wird man sich angesichts der komplexen Materie nicht dauerhaft darauf verlassen können, dass die Nutzerinnen und Nutzer die Qualität in jedem Einzelfall selbst prüfen (können). So habe ich bereits 2009 in einer Publikation der Friedrich-Ebert-Stiftung in der Reihe »Medien digital« für ein Gütesiegel plädiert, mit dem seriöse journalistische Internetportale gekennzeichnet werden. Diese Idee wird in der Medienbranche seit Jahren diskutiert, bislang aber ohne greifbares Ergebnis. Dabei dürfte es jetzt wichtiger denn je sein, qualitativ hochwertige und an berufsethischen Standards orientierte Veröffentlichungen von anderen zu unterscheiden.

Vorstöße in Richtung eines Qualitätssiegels für professionell gemachte journalistische Medien hat es immer wieder gegeben. Die Journalismus-Professorin Marlis Prinzing von der Macromedia Hochschule schlug beispielsweise 2017 einen »Digitalen Rat« vor. Ähnlich wie der Deutsche Presserat könnte dieser als Organ der Selbstregulierung arbeiten. Bernhard Pörksen, ebenfalls bekannter Medienwissenschaftler, regte in *Die Zeit* unterdessen »Ombudsgremien des Publikums« an. »Plattformmonopolisten müssen sich eigene, detailliert ausbuchstabierte Richtlinien und Ethikkodizes geben, die der öffentlichen Diskussion zugänglich sind und von ihr entscheidend mitgeprägt werden.« Auf der Seite der Anbieter müssten »Öffentlichkeitsredakteure« den Dialog mit dem Publikum pflegen. Dazu sei »eine Art Plattformrat« erforderlich, den auch Pörksen in ähnlicher Funktion wie den Presserat beschreibt.

Seit 2019 gibt es bereits ein Zertifikat, das allerdings keine so umfangreiche Öffentlichkeit gefunden hat. »News-Guard« wurde in Kooperation mit Microsoft als Siegel für hochwertigen Content entwickelt. Mehrere Menschen schauen sich dafür einzelne Seiten an und bewerten sie im Hinblick auf Glaubwürdigkeit und Transparenz. Das Instrument muss allerdings vorher im Internetbrowser als Erweiterung installiert werden.

Bundespräsident Frank-Walter Steinmeier wandte sich 2019 bei einer Rede auf dem Kongress »re:publica« gegen die Funktionsweise digitaler Plattformen: »Solange die schnelle Lüge und die seriöse Nachricht, der überprüfte Fakt und die bloße Meinung, solange Vernunft und Hetze unterschiedslos nacheinander in Newsfeeds auftauchen, solange haben es jedenfalls Demagogen viel zu einfach.« Das Staatsoberhaupt sprach sich deshalb für »glasklare Herkunftssiegel für Informationen« aus.

2024 setzte sich Steinmeier dann noch einmal in der Öffentlichkeit mit Algorithmen auseinander, die in der digitalen Welt bestimmen, was wir zu sehen bekommen. Er sprach sich nicht nur für mehr Transparenz, sondern für konkrete Nachvollziehbarkeit aus und nannte diesen Ansatz »Algorithmic Accountability«: »Kritiker fordern deshalb zum Beispiel ein Audit-System, bei dem Softwarecodes und Trainingsdaten überprüft werden sollten, manche wünschen sich gar einen ›Algorithmen-TÜV‹.« Der Medienkritiker Fritz Wolf plädierte 2015 dafür, die Idee einer »Stiftung Medientest« zu prüfen.

Nach dem völkerrechtswidrigen Angriff Russlands auf die Ukraine hat der Intendant der *Deutschen Welle* Peter Limbourg eine weitere Variante ins Gespräch gebracht, die allerdings allein auf der Glaubwürdigkeit der Medienmarke seines eigenen Hauses basiert: Weil *DW*-Beiträge immer häufiger zu Propagandazwecken gefälscht würden, seien ein Wasserzeichen oder eine Verschlüsselung der »echten« Berichte denkbar, sagte er März 2024 im Interview mit Michael Hanfeld in der *FAZ*.

Ebenfalls in 2024 hat das Mediaagentur-Netzwerk GroupM in Deutschland damit begonnen, eine Auszeichnung für besonders zuverlässige, unabhängige Medien zu launchen. In anderen Ländern hatte die Initiative unter dem Titel »Back to News« bereits funktioniert. Es gehe darum, schrieb Frank Puscher, stellvertretender Chefredakteur bei *meedia.de*, den Kunden des Agenturnetzwerks einen »Zugang zu hochwertigen Werbeumfeldern auf geprüften lokalen, nationalen und internationalen Nachrichtenseiten« zu ermöglichen. Auf diese Weise soll also vermieden werden, dass die Werbung der entsprechenden Unternehmen auf dubiosen Seiten landet und somit Desinformation, Propaganda oder schlicht Unprofessionalität mitfinanziert werden.

Eine sinnvolle Vision ist als Gesamtkonzept eine Mischung aus »Stiftung Warentest« und »Deutschem Spendensiegel«. Beide haben ihre Vorteile, die miteinander kombiniert werden sollten. Bei der »Stiftung Warentest« können Anleihen genommen werden, weil sie besonders bekannt und ihr Urteil anerkannt ist. Das Siegel mit einer Bewertung ist beispielsweise auf Zahnpastatuben im Drogeriemarkt verbreitet. Wer ist schon Chemikerin oder Chemiker und kennt sich mit der Güte von solchen Pflegemitteln aus? Da verlässt man sich mit schnellem Blick auf die Beurteilung durch Profis. Wenn dann auch noch ein weiteres Positiv-Siegel von Öko-Test auf der Tube und der Preis annehmbar sind, kann man sich eine umständliche eigene Recherche nach Wirkungsweisen und Inhaltsstoffen getrost sparen. Das Spenden-Siegel des »Deutschen Zentralinstituts für soziale Fragen« (DZI) wiederum hat den Vorteil, dass es im Fall von Unregelmäßigkeiten aberkannt wird: Wenn eine soziale Organisation nach dem Urteil der Prüfenden nicht transparent mit den zugewendeten Geldern umgeht, muss es diese Praxis umstellen, um weiterhin mit dem Siegel werben zu dürfen.

In unserer Vision wird dieses Siegel von einer selbstverwaltenden Stelle herausgegeben, das könnte der Deutsche Presserat sein, es könnte aber auch eine eigenständige Stiftung dafür gegründet werden. Wer sich mit dem Siegel dann öffentlich auf der Webseite schmücken möchte, muss nicht nur die Bedingungen erfüllen, sondern dafür auch eine Lizenz- beziehungsweise Verwaltungsgebühr entrichten – denn irgendwie muss ein solches System ja finanziert werden. Bei der »Stiftung Warentest«, aber auch bei den Gütesiegeln, die Magazinmarken wie *Capital* oder *Focus* vergeben, ist das bereits heute üblich. Denkbar wäre auch, von denjenigen, die beharrlich gegen die Bedingungen eines journalistischen Qualitätssiegels verstoßen, eine Art Straf- beziehungsweise Verwaltungsgebühr zu kassieren.

Das Konzept unter dem Dach des Presserates zu organisieren, hätte den Vorteil, dass die Entscheidungen der Institution mehr Durchschlagskraft als bisher entwickeln könnten. Schließlich werden selbst öffentliche Rügen von manchen Medien bis dato nicht konsequent so behandelt, wie es angemessen wäre: Man drückt sich davor, sie in den eigenen Veröffentlichungen zu nennen, die eigenen journalistischen Fehlleistungen also als Fehler anzuerkennen.

Deshalb ist es für Nutzerinnen und Nutzer recht aufwendig, selbst recherchierend herauszufinden, wie zuverlässig ein Medium ist – oder eben nicht. Mit einem schnellen Blick auf ein verlässliches Qualitätssiegel gäbe es solche Sorgen nicht mehr.

Ein anderer Weg wäre die Schaffung einer neuen Organisation, etwa einer Stiftung. Auch sie müsste staatsfern sein, das heißt sie dürfte nicht von Politik oder Regierung gesteuert werden. Gegen eine (anteilige) Bezuschussung mit Steuermitteln spräche unter diesen Umständen nichts – die »Stiftung Warentest« wird schließlich auch aus dem Bundeshaushalt unterstützt. Denkbar wäre dann hier auch eine Art Plenum, bei dem Bürgerinnen und Bürger ihre Ansichten mit einbringen können. Vielleicht könnten auch einige Prominente mit von der Partie sein, um die Arbeit, die hinter dem journalistischen Qualitätssiegel steckt, zu würdigen: Es muss erreicht werden, dass sich die Gesellschaft damit beschäftigt, wie ordentlicher Journalismus zustande kommt.

Es ist noch gar nicht so lange her, da hat sich allenfalls eine kleine Minderheit damit beschäftigt, ob Produkte umweltschonend hergestellt wurden und ob für das gekaufte Stück Fleisch ein Tier leiden musste. Das hat sich geändert, es gibt heute ein weit verbreitetes kritisches Bewusstsein bei diesen Themen. Natürlich betrifft das nicht alle, aber es ist und bleibt ein gesellschaftlicher Trend. Genauso müsste es beim Journalismus sein. Bei der Frage, aus was wir im Geist bestehen wollen, was die faktische Grundlage unserer Gedanken und unserer daraus entwickelten Meinungen sein soll.

Auf diese Weise kann auch die Glaubwürdigkeit und damit der Ruf der Branche wieder verbessert werden. Das erhöht nicht nur die Zahlungsbereitschaft für Journalismus, die für dessen Erhalt als existenziell gelten dürfte, wenn es nicht gänzlich andere Modelle gibt. Es stabilisiert auch die Demokratie und ermöglicht zukunftsgerichtet den Erhalt eines funktionierenden Medienmarkts.

Den transparenten Umgang mit KI könnte man in den Regeln für ein journalistisches Qualitätssiegel, für das hier bereits plädiert wurde, einbauen. Bisher dreht sich die öffentliche Diskussion bloß um die Frage, ob KI-generierte Texte und andere Beiträge zwingend gekennzeichnet werden müssen. Selbst das lehnten die Vertreterinnen und Vertreter der Organisationen, die im Deutschen Presserat als Institution zur Selbstregulierung aktiv sind, ab. Schließlich würden berufsethische Standards immer gelten, ganz gleich ob Texte von Menschen oder Maschinen erstellt worden sind. Und so gibt es bisher keinerlei Vorschrift – nicht einmal im Rahmen der Selbstregulierung –, darauf aufmerksam zu machen, dass ein Softwareprogramm eine Nachricht formuliert hat.

Veröffentlichungen zu kennzeichnen, die mithilfe generativer Programme erstellt wurden, würde jedoch schon mittelfristig nicht mehr viel Sinn machen. Angesichts der Prognosen, dass bald ein Großteil aller digitalen Publikationen von KI generiert wird, würde das Publikum gegenüber solchen Kennzeichnungen abstumpfen. Das erinnert ein bisschen an eine Satire-Aktion des Moderators und Produzenten Stefan Raab. Als wegen zu viel Reklame seine »Wok WM«-Übertragungen im Fernsehen als »Dauerwerbesendung« gekennzeichnet werden mussten, wehrte er sich mit einer frechen Volte. Seine *TV total*-Folgen versah er kurzerhand mit dem sehr ähnlich aussehenden, eingeblendeten Hinweis auf eine »Dauerfernsehsendung«.

Es wäre also angebrachter, bei der kennzeichnenden Abgrenzung von KI zum menschengemachten Journalismus andersherum zu denken: Die Qualität professioneller Erzeugnisse hervorzuheben, anstatt die Masse der Inhalte so auszuzeichnen, dass das kaum noch von jemandem wahrgenommen wird. Die Firma Dove, die Pflegeprodukte verkauft, hat in 2024 schon das Potenzial eines solchen Vorgehens erkannt: Mit viel Werbeaufwand wurde – unter anderem mit teuren Fernsehspots zur besten Sendezeit – auf die Allgegenwart von KI-Anwendungen hingewiesen. »The Code« nennt Dove die Kampagne, in der das Unternehmen sich nach eigenen Angaben mit den Auswirkungen von KI auf das Schönheitsbild des Publikums beschäftigt. »Wir versprechen, niemals KI-Bilder anstelle echter Frauen zu zeigen«, lautet das erste Versprechen, dem dann noch weitere folgen. Hier hat man offensichtlich bereits erkannt, wohin die Entwicklung geht – oder wo sie heute bereits sein könnte. Das Unternehmen würde nicht auf diese inhaltliche Aussage setzen und derart viel Geld aufwenden, um diese Message in die breite Öffentlichkeit zu tragen, wenn es nicht davon überzeugt wäre, dass sich damit gute Umsätze und so auch Gewinne realisieren ließen. Die Verlässlichkeit, nicht durch softwaregenerierte Phantasiewelten manipuliert zu werden, gilt aber eben nicht nur für die Pflegereklame. Es ist schon schade, dass es bisher keine wahrnehmbare Kampagne gegeben hat, in der die journalistische Branche für menschen- statt KI-gemachte Inhalte wirbt und so, wie es bei Dove beabsichtigt ist, das Vertrauen in die Marken befördert.

In unserer Vision wird so etwas im bereits erwähnten Journalismus-Qualitätssiegel berücksichtigt. Während die

»Stiftung Warentest« bei gänzlich anderen Produkten Schulnoten vergibt, könnte für die Beurteilung von Journalismus ein Punktesystem zugrunde liegen. Wer Inhalte ausschließlich von gut ausgebildeten und bezahlten Menschen mit anständigen Arbeitsbedingungen Inhalte erstellen lässt, würde die Höchstpunktzahl bekommen. Wer nach transparenten Regeln KI für Einzelbeiträge und klar gekennzeichnet anwendet, würde etwas weniger Punkte bekommen. Und wer seine ganze Publikation ausschließlich von KI-Generatoren zusammensetzen lässt, muss sich mit der schlechtesten Bewertung von null Punkten abfinden. Anleihen könnte dazu auch bei den Regeln zur Förderung von Qualitätsjournalismus in Österreich genommen werden.

Darüber hinaus gibt es dann eben noch viel Raum für Kreativität. Womöglich werden das auch Anwendungen sein, die wir uns heute noch gar nicht vorstellen können. Zielgruppen passgenau zu erreichen, wird einiges an neuen Ideen erfordern. Schon heute experimentieren Medienhäuser zuweilen mit ungewohnten Herangehensweisen, um zum Beispiel junges Publikum zu adressieren. So berichtet die »Rundfunk und Telekom Regulierungs-GmbH Österreich« in ihrer Studie »KI in der Medienwirtschaft« darüber, dass die schwedische Zeitung *Aftonbladet* mit KI Texte in Rap-Songs umwandelt.

Gerade weil KI unser Leben in der (nahen) Zukunft völlig neugestalten wird, wird die Debatte über Leitplanken, die deren Eingriff begrenzen, in unserer Vision zum Erfolg geführt haben. Es geht den entsprechenden Programmen dann nicht mehr darum, einfach möglichst viel aus dem Netz unterschiedslos einzusammeln und daraus neue Inhalte zu erstellen. Stattdessen stehen Werte und Normen im

Mittelpunkt. Für jede Anwendung ist genau definiert, wie die Grundlage der Quellen zusammengetragen wurde. In einem *Zeit*-Artikel der Redakteurin Johanna Jürgens war das Modell Phi-3-Mini vorgestellt worden, das mit ausgewählten Daten in »Lehrbuchqualität« gespeist worden sei. Weil das Modell von Microsoft zugleich weniger Daten brauche, brauche es auch weniger Speicherplatz.

Es gibt eine Reihe solcher zuverlässigen Archive, die in der Vergangenheit penibel gepflegt wurden, beispielsweise bei Qualitätsmedien wie *Der Spiegel*. Es wird ein Wettbewerbsvorteil sein, solche enormen Datenpakete nicht nur vorzuhalten und ständig zu aktualisieren, sondern damit auch die Werkzeuge der KI »füttern« zu können. Umso größer ist die Wahrscheinlichkeit, dass die Ergebnisse dieser Anwendungen dann glaubwürdiger und somit nutzbarer sind. Wer nicht über einen solchen Datenpool verfügt, wird zuverlässige Partnerinnen und Partner suchen müssen. Um die zu finden, ist in unserer Vision ein System der Zertifizierung üblich geworden. Auch eine DIN-Norm oder eine internationale ISO-Vorschrift können für solche Anwendungen Auskunft über Güte und Qualität geben. Dabei geht es neben dem Ausgangsmaterial, auf das sich die Generatoren beziehen, auch um den Prozess, wie sie es bearbeiten, um zu ihren Ergebnissen zu kommen. Für unterschiedliche Anwendungen wird es differierende Normen geben müssen – in einer Arztpraxis oder in einer Autofabrik werden schließlich andere Herangehensweisen erwartet als im Mediengeschäft.

Es wird im Journalismus verbindliche Vereinbarungen geben, wie mit Material, das Menschen erstellt haben oder an dem sie mitgewirkt haben, umgegangen wird. Bereits

2013 hatten sich Drehbuchautorinnen und -autoren in Hollywood nach einem großen Streik erfolgreich dafür eingesetzt, dass sie nicht so ohne Weiteres von KI-Anwendungen verdrängt werden können. Von »wichtigen Schutzmaßnahmen« war im Fachdienst *t3n.de* die Rede. Die Arbeit von Autorinnen und Autoren solle nicht durch KI ersetzt werden, außerdem verpflichteten sich die Unternehmen dazu, dass sie mitteilen, wenn Materialien von KI erstellt wurden.

In den Redaktionen gibt es in der nahen Zukunft konkrete Verantwortliche, die den Einsatz der KI überwachen und als interne wie externe Ansprechpartner zur Verfügung stehen. Das hatte zum Beispiel der Deutsche Journalisten-Verband (DJV) schon lange gefordert. Konkret wird eine solche Person also nicht nur für Nutzende ansprechbar sein, sondern auch und gerade für die Redaktionen selbst. Beschwerden wird dabei nicht nur im Einzelfall nachgegangen, sondern sie werden grundsätzlich im Hinblick auf die weitere Anwendung des ständig lernenden Systems betrachtet. Das gibt die Möglichkeit, künftige Fehler konsequent zu vermeiden. Und es sorgt dafür, dass die Aufmerksamkeit für die Tücken der KI jederzeit wach bleibt.

In den Fällen, in denen urheberrechtlich geschütztes Material in die KI-Datenbanken eingespeist wird, werden die ursprünglichen Erstellerinnen und Ersteller angemessen dafür vergütet. Im Gegensatz zur heutigen Situation ist das in unserer Vision gesetzlich abgesichert. Wo das Massengeschäft Einzelverträge unmöglich macht, würden Verwertungsgesellschaften wie die VG Wort und Bild-Kunst oder die GEMA die finanziellen Ansprüche geltend machen und ihren Mitgliedern anschließend auszahlen. In den Redaktionen selbst finden regelmäßige Schulungen rund um die

KI statt, und es wird innerhalb des Medienunternehmens ständig reflektiert, wo Möglichkeiten und Grenzen des Einsatzes dieser Technik sind.

Um solche und weitere zukunftsfähige Visionen für den Journalismus zu entwickeln und sie auch engagiert zu leben, ist nicht nur gut qualifiziertes, sondern vor allem auch motiviertes Fachpersonal nötig. Wie gezeigt, werden die Anforderungen an den Beruf nicht weniger werden, eher (deutlich) mehr. Gute Journalistinnen und Journalisten brennen zwar für ihren Beruf, aber es wird vermehrt darauf geachtet werden, dass sie dabei nicht ausbrennen. Eine gute Bezahlung und ordentliche Arbeitsbedingungen sind da selbstverständliche Voraussetzungen. Wo die Medienschaffenden für Medienunternehmen arbeiten, sind die Rahmenbedingungen aber noch darüber hinaus in dieser positiven Vision zu einem wichtigen Faktor geworden.

Auch wegen des Wettbewerbs mit anderen Branchen wird darauf geachtet, eine sinnvolle Atmosphäre für die zuweilen belastende Arbeit zu schaffen. Schließlich drohen gut ausgebildete Fachkräfte sonst abzuwandern. Absolute Verlässlichkeit der Arbeitszeiten wird sich in einem solchen Geschäft freilich nie erreichen lassen. Plötzliche Ereignisse werden die Pläne immer wieder durcheinanderwirbeln. In der Aktualität mit ständiger Berichterstattung gibt es eben keine Deadline mehr. Trotzdem sind zahlreiche Ansatzpunkte denkbar, die in der Zukunftsvision von den Arbeit- oder Auftraggebenden berücksichtigt werden. Dazu gehören faire Arbeitszeitkonten, die Organisation gegenseitiger Unterstützung in Teams mit unterschiedlichen Schwerpunkten und konsequent wertschätzender Umgang miteinander. Es gibt regelmäßige Weiterbildungen, um in einer sich anhaltend ständig verändernden Branche zurechtzufinden und neue Trends aufgreifen zu können. Bei der Berichterstattung über außergewöhnliche Unfälle oder Katastrophen sowie bei Übergriffen aus der Bevölkerung wird stets psychologische Unterstützung angeboten. Es wird einfach Spaß machen, im Journalismus zu arbeiten.

5.
Exkurs: *KiVVON*

Es gibt unzählige Entwicklungsabteilungen in Medienhäusern, Beteiligungen an Unternehmensgründungen, Startups engagierter Idealistinnen und Idealisten. Auch im Mediengeschäft. Schließlich sind die Meisten davon überzeugt, dass man in dieser Branche auch in Zukunft noch gutes Geld verdienen wird. Die Frage ist bloß: Wie?

Wie können Unternehmen mit Journalismus Gewinne schreiben, wie können die Medienschaffenden damit ihren Unterhalt bestreiten? Als Fallbeispiel wird an dieser Stelle die Gründung von *KiVVON* ausgeführt. Es ist ein »Content Media Network«, eine Kombination aus Plattform und Digitalverlag, konsequent dem Journalismus verschrieben. Sein Gründer Coskun Tuna hat diese Vision Realität werden lassen.

Der Autor dieser Zeilen kann darüber nicht unabhängig schreiben, deshalb ist dieses Kapitel als Exkurs gezeichnet. Es muss eine subjektive Darstellung sein, weil er seit Anfang 2024 als Chefreporter für *KiVVON* tätig ist. So manche Ansätze für einen guten und zukunftsfähigen Journalismus der Zukunft finden sich aber nach seiner Überzeugung in dem Projekt.

Coskun Tuna war früher Polizeibeamter und hat diesen sicheren Job hingeworfen, um sein erstes Unternehmen zu gründen. Das Portal mitfahrzentrale.de wollte zunächst gar nicht so richtig anlaufen. Er musste aus Kostengründen seine Wohnung aufgeben und schlief einige Zeit im Auto. Nach einer langen Durststrecke jedoch hatte er mit seinem Team Erfolg. Das Projekt wurde in den 1990er-Jahren riesengroß und bescherte gute Gewinne.

Zwar schläft »Josh«, wie er sich nennen lässt, nicht mehr in einem Auto, aber er hat wieder einen unternehmerischen Neustart gewagt. Er gründete *KiVVON* 2022 in der deutschen Bundeshauptstadt Berlin. An der bekannten Friedrichstraße, direkt an der U-Bahn-Haltestelle »Stadtmitte«, mietete er zwei Etagen an und stattete sie mit TV- und Audio-Studios aus, holte eine Redaktion, IT und Fachleute für die digitale Produktion an Bord. Der Probebetrieb begann.

Zug um Zug wuchs das Team, und auch das Medienportal nahm Gestalt an. Letztlich sind es drei Säulen, auf denen das Modell der Inhalte-Erstellung fußt. Einige Kanäle mit überwiegend Videobeiträgen macht *KiVVON* als Verlag selbst. Josh ist mit seinem Unternehmen überzeugtes Mitglied im Bundesverband Deutscher Zeitungsverleger und Digitalpublisher (BDZV). Mehrfach hat er in interessierten Runden der Interessenvertretung sein Modell bereits vorgestellt. Weitere Kanäle werden von Medienunternehmen betrieben. Die Nachrichtenagenturen *Agence France Press* (*AFP*) und *Sport-Informationsdienst* (*SID*) waren recht früh mit eigenen Angeboten dabei, das Magazin *Cicero* ebenso. Weitere Kanäle werden von freiberuflichen Creatorinnen und Creatoren betrieben und gefüllt. Wie andere Verlage ermöglicht auch *KiVVON*, Kanäle als PR zu betreiben, diese werden dann – ähnlich wie »Sonderveröffentlichungen« bei Printverlagen – entsprechend gekennzeichnet.

Im Mittelpunkt steht bei all diesen Kanälen der Journalismus. Mal informierend, mal einordnend und kommentierend, mal unterhaltend. Es gibt Nachrichten und Talks,

Erklärvideos zu politischen Themen oder exklusiv recherchierte Berichte. Beim Geschäftsmodell für die Einnahmen wird ausprobiert. Werbung wird als Möglichkeit getestet, die Vermarktung eigener, gebrandeter Inhalte auf anderen Plattformen, Abonnement-Modelle. Das, was Digitalpublisher halt so machen. Eines aber hat Josh als potenzielle Marktlücke entdeckt.

In Gesprächen mit Medienschaffenden sowie mit Konsumentinnen und Konsumenten von deren Produkte fiel ihm immer wieder auf, dass es Vorbehalte gegen zu viel Reklame auf journalistischen Webseiten gibt. Aber auch die meist ausschließlich angebotene Alternative des kostenpflichtigen Abonnements stieß ganz überwiegend auf wenig Gegenliebe. Es gebe immer wieder interessante Inhalte, die man sich durchaus anschauen wolle, aber man wolle sich für dieses zunächst einmalige Interesse nicht binden und regelmäßig für das Angebot bezahlen. Denn womöglich würde man dieses Angebot ja nie wieder nutzen, die ständigen Abbuchungen fänden aber trotzdem statt.

Josh legte eine Umfrage an. Mit rund 1.000 Teilnehmenden, klar auf die Zielgruppe derer zugeschnitten, die journalistische Seiten im Netz nutzen. Ein großer Teil der Befragten erklärte, dass man bei »Abo-Zwang« häufig entweder auf das Lesen, Hören oder Anschauen des Beitrags verzichtet habe. Oder man habe (74 Prozent) ein kostenloses oder -günstiges Probeabonnement abgeschlossen, in der festen Absicht, es zu kündigen, wenn man das damit bezahlte Angebot auch nicht wirklich nutzt. In einem solchen Fall hätten aber die Allermeisten (63 Prozent) immer wieder vergessen, solche Abonnements rechtzeitig zu kündigen.

Coskun Tuna spricht deshalb etwas zugespitzt gerne vom »Abo-Kapitalismus«. Da er überzeugter Unternehmensgründer ist, könnte man annehmen, dass er das positiv findet – das Gegenteil aber ist der Fall. Zwar hat er Verständnis für Medienunternehmen, die davon überzeugt sind, dass sie ihre Kosten vom Verlagsgebäude bis zu den Journalistinnen und Journalisten nur regelmäßig bezahlen (und dann auch noch Gewinne machen) können, wenn sie durch Abonnements Dauer-Einnahmen haben. Ja, das ist planbar. Aber es ist auch bequem. Zugleich wird es von vielen Nutzenden her als bevormundend wahrgenommen.

Für eine Digitalplattform, die ein fairer journalistischer Anbieter sein will und der überzeugt ist, dauerhaft Qualität auszuliefern, ist auch das Wagnis denkbar, sich immer wieder neu am Markt beweisen zu müssen. Sich nicht darauf zu verlassen, dass das Geld ohnehin in schöner Regelmäßigkeit eintrudelt, sondern jeden Tag und jede Stunde darum kämpfen zu müssen. Nicht mit Zuspitzung und Emotionen, sondern mit modernem, gutem und seriösem Journalismus.

Und so starteten Josh und sein Team ein Modell mit Einmalzahlungen für die Beiträge. Mit einfachen Methoden wie PayPal oder Kreditkarte kann flott ein kleiner Betrag entrichtet werden, und schon ist die jeweilige Veröffentlichung zu sehen. Sie bleibt auch als »bezahlt« im Onlineportfolio der angemeldeten Nutzerinnen und Nutzer, sodass sie selbst immer wieder darauf zurückgreifen können. Dieser Weg der Einmalzahlungen, den es so bisher so gut wie nie gab, verlangt keine teure Zwangsbindung. Es ist eine unternehmerische Wette auf den Journalismus.

6.
Appell für guten
Journalismus

Eine informierte Gesellschaft fällt nicht vom Himmel, es kommt auf jede und jeden an. Wir müssen lernen, unserem jeweils persönlichen Informationshaushalt aufmerksamer zu bestücken. Und wie es beim wörtlichen Haushalt in der Wohnung ist, reicht es nicht aus, auf dieser Stufe zu verharren. Wenn ein Haushalt nicht konsequent geführt wird, droht er zu verwahrlosen. Wir müssen auf unsere geistige Nahrung achten, also darauf, was wir zu uns nehmen, und wir dürfen nicht im Sinne einer Nachrichtenvermeidung in den Informations-Hungerstreik treten. Zur sinnvollen Haushaltsführung gehört die ständige Auseinandersetzung mit aktuellen Entwicklungen. Die eigene Medienkompetenz muss in der sich rasant wandelnden Welt immer wieder auf den Prüfstand und fortentwickelt werden.

Natürlich ist es allerhöchste Zeit, dass in den Schulen Medienkompetenz konsequenter vermittelt wird – als eigenständiges Fach oder zusammen mit grundlegenden Kompetenzen im Verbraucherschutz, in Wirtschaft oder Recht als übergreifende Unterrichtseinheit »Lebenskompetenz«. Aber es geht ausdrücklich nicht nur um Kinder und Jugendliche. Ganz im Gegenteil sind es vor allem die Erwachsenen und (deutlich) Älteren, die ihr Nutzungsrepertoire in Sachen Medien immer wieder überprüfen müssen. Schnell hat man sich an bequeme Werkzeuge wie Suchmaschinen, Soziale Netzwerke oder Sprachassistenten á la Alexa gewöhnt, ohne zu hinterfragen, ob man damit selbst manipuliert wird.

Schon in der Familie ist es schwierig, die kommunikativen Brücken zwischen Kindern und Erwachsenen zu schlagen. Im Rahmen der Erziehung müssen diese Verbindungen zwischen den Nutzungsgewohnheiten der unterschiedlichen Generationen erst einmal gezogen werden. Die »Boomer« sind ohne Mobiltelefon und Computer groß geworden. Nach und nach hat man sich die Technik angeeignet und damit auch die Möglichkeiten, den persönlichen Informationshaushalt neu auszurichten. Wirklich gelernt haben wir das in der Regel aber nicht. So ist die Gefahr groß, manipuliert und desinformiert zu werden – vor allem, wenn es Institutionen gezielt darauf anlegen. Als Bürgerinnen und Bürger haben wir letztlich aber eine Bringschuld, uns damit auseinanderzusetzen.

Medienunternehmen dürfen und können, wenn sie auch in Zukunft erfolgreich sein wollen, nicht verharren in der Pflege alter Geschäftsmodelle. Wir brauchen weniger Rotstift und mehr Buntstift – also weniger unreflektierte Sparprogramme, wie sie heute allzu häufig vorkommen, und mehr Kreativität. Es ist nicht hilfreich, wenn rein betriebswirtschaftliche Unternehmensberatungen immer nur den Weg der Einsparungen anpreisen. Das wird der Rolle des Journalismus als Kulturgut nicht gerecht. Vielmehr sollten die Ressourcen in Beratende investiert werden, die sich konstruktiv mit der Branche auseinandersetzen und innovative Wege zu einer Transformation aufzeigen.

Wünschenswert wäre auch eine groß angelegte Erforschung der konkreten Informationsrepertoires in der ganzen Bevölkerung, verlässlich repräsentativ gestreut über alle

Altersgruppen: Wie wagen Kinder ihre ersten Schritte ins Netz, wie verhalten sich die Mittelalten, was machen Seniorinnen und Senioren in der digitalen Welt? Zuweilen gibt es einzelne Forschungsprojekte, die einen allgemeinen Überblick vermitteln oder sich einem Spezialthema widmen. Die einfache Darstellung, wer wie häufig welches Portal nutzt, greift da zu kurz. Sinnvoll wäre es, in qualitativen Studien das Informationsrepertoire und die Anschlusskommunikation zu untersuchen. Nur so lassen sich soziologisch die Auswirkungen auf die öffentliche Kommunikation, auf den politischen Prozess und somit auf unsere Demokratie insgesamt bewerten. Der »große Wurf« steht da aber noch aus.

Gleichwohl bleibt es dabei, dass sich die Nutzungsgewohnheiten im Netz mit den entstehenden technischen Möglichkeiten weiterhin verändern werden, und das in einer atemberaubenden Geschwindigkeit. Auch diese Entwicklung muss im Auge behalten werden, eine Verstetigung der empirischen Bestandsaufnahme wäre also wünschenswert. Auf diese Weise würde die Politik auch valide Informationen für ihre Entscheidungen bekommen.

Ansonsten besteht die Gefahr, dass bloß Lobbyistinnen und Lobbyisten ihre Einzelinteressen formulieren und durch besonderen Zugang in den politischen Prozess einfließen lassen. Im Sinne von Max Weber haben sie dann die Chance, ihren wirtschaftlichen Willen privilegiert durchzusetzen, Widerstände werden mangels Reflexion ausgeblendet. Bei der Debatte um das Leistungsschutzrecht für Verlage hat man gesehen, wie schnell Debatten aus dem Ruder laufen können. Genauso wie Faktentreue und Abwehr von Desinformation in der Berichterstattung wichtig sind, spielen sie auch eine große Rolle bei politischer Entscheidungsfindung. Es wäre schon ein sinnvoller Schritt, bei solchen Prozessen nicht nur Stellungnahmen der Lobbyverbände einzuholen.

Die Hektik, die Gesetzesvorhaben zugrunde liegt, ist der Tragweite der Entscheidungen längst nicht mehr angemessen. Die Fristen für qualifizierte Stellungnahmen zu juristisch äußerst komplexen Regelwerken sind oft viel zu kurz. Manchmal wird verlangt, innerhalb weniger Tage zu einem umfangreichen Gesetzentwurf detailliert Ausführungen zu machen. Man sollte sich hier mehr Zeit nehmen, den wissenschaftlichen Dienst des Bundestages intensiver einbinden und auch externe und wirklich unabhängige Gutachten beauftragen, um ein möglichst repräsentatives und objektives Bild der Realität zu bekommen. Gerade in der Neuausrichtung des Journalismus brauchen wir solche ernsthaften und überlegten Herangehensweisen.

Um überhaupt solche Überlegungen anstellen zu können, wird es auch wichtig sein, Visionen zu entwerfen, um sie zur Diskussion zu stellen. Ein Beitrag dazu wurde im vorliegenden Buch gewagt. Daran kann und soll man sich reiben, darüber sprechen, Alternativen abwägen – schließlich geht es darum, nach den besten Wegen für das künftige Mediengeschäft zu suchen und sie zu finden. Was tatsächlich in zehn oder zwanzig Jahren mit dem Journalismus passieren wird, ist genauso wenig seriös vorauszusagen wie bei Einführung des Internet die Aussicht, ob es jemals zu einem Mittel der Massenkommunikation werden wird. Es kann immer auch anders kommen. Auch zu einer Deadline für den Journalismus. Wer es ernst meint mit unserer liberalen Demokratie, kann das nicht wollen. Deshalb müssen wir alle aktiv mitdenken, wie wir das verhindern.

7.
Kernthesen gegen
die Deadline für den
Journalismus

- Journalismus ist lebenswichtig für die Demokratie.

- Guter Journalismus ist unabhängig vom (Träger-)Medium und ist nicht umsonst zu haben.

- Soziale Netzwerke dürfen journalistische Veröffentlichungen nicht ausbremsen, sondern sollten verpflichtet werden, Public Value in besonderer Form sichtbar zu machen.

- Journalistinnen und Journalisten werden vermehrt als und für Marken auftreten.

- Konstruktiv Bericht zu erstatten, wird zum neuen Standard des Journalismus.

- Medienkompetenz wird – nicht nur bei jungen Menschen – nachhaltig gefördert.

- Ein innovatives Qualitätssiegel zeichnet professionellen Journalismus und den Verzicht auf beziehungsweise den verantwortungsvollen Umgang mit »KI« aus.

- Es wird ein regulatorisches Umfeld geschaffen, das die Entwicklung journalistischer Unternehmen nachhaltig ermöglicht.

- Es wird eine Multimedia-Plattform gelaunched, in der möglichst breit gefächerte journalistische Angebote gebündelt werden.

- Journalismus wird als steuerrechtlich als gemeinnützig anerkannt.

- Die Arbeitsteilung in Redaktionen wird in Teams nach Kompetenzen und Talenten organisiert.

- Innovative Formate wie Computerspiele etc. werden ausgebaut.

- Journalismus wird auf die Bühne getragen und in eine konsequente Kommunikation mit dem Publikum eingebunden.

Über den Autor

© Werner Siess

Frank Überall, geb. 1971, ist Chefreporter beim journalistischen Digitalverlag und dem Content Network *KiVVON*. Der promovierte Sozial- und Medienwissenschaftler lehrt seit 2012 als Professor an der Media University (Köln/Berlin). Sein Schwerpunkt ist dabei die politische Soziologie. Als Reporter berichtet er seit mehr als 25 Jahren vor allem für die Radio-, Fernseh- und Internetredaktionen von WDR und ARD. Auch für Zeitungen und Zeitschriften sowie Onlineportale (*Spiegel Online, t-online.de*) war er unterwegs, mehr als zehn Jahre schrieb er als freier Korrespondent für die *Deutsche Presse-Agentur* (*dpa*). Überall ist häufig als Moderator oder Podiumsgast bei Veranstaltungen und Fachtagungen unterwegs und trat als Politik-Experte zum Beispiel bei den Nachrichtensendern *ntv* und *Phoenix* auf. Der Autor mehrerer Sachbücher ist Mitglied in der Schriftsteller-Vereinigung PEN-Zentrum und war von 2015 bis 2023 Bundesvorsitzender des Deutschen Journalisten-Verbands (DJV).